道徳教育と江戸の人物学
伝記資料の開発と授業づくりの方法

林 敦司◆著

金子書房

はじめに

江戸の教育が明治日本を支えた。

近代学問の知とはいかにも異なる江戸時代の教育が、幕末明治の切実な課題を担う傑物を輩出した事実を私たちはどう考えればよいだろう。

誇張を恐れずに言えば、現代の教育現場は「人物」をつくるのではなく、市場社会に役立つ「人材」を量産することに懸命になっている。こうした『論語』にいう「小人《しょうじん》の儒《じゅ》」を思わせる教育にあくせくするあまり、江戸の人びとがもっていたスケールの大きな視点を私たちは見失ってしまったようである。

もう何年も前のことになるが、神田神保町の古書街を歩いていて、ある店の一角に掛けられていた小品額に目が留まった。それには、

　　本の事に似たる内にまた大まかなる所ありて藝となる

と毛筆で書かれ、左下に湯川秀樹の署名と落款があった。

私はこの書の意味が気になり、その場にいた店主にたずねた。すると、「書物に書いてあるように行動していたら、どうしてもその通りにならないことがある。それを自らの芸として完成させなければならない」という意味であることを教えてくれた。また、裏面に書かれた「中村扇雀丈のため巣林子の語を録す」の記録から、江戸時代に脚本作家として活躍した近松門左衛門（号、巣林子）の言葉を引用し、昭和を代表する歌舞伎役者の中村扇雀《せんじゃく》に芸人の心構えをアドバイスした作品であることもわかった。

科学者としての湯川については今さら多言を要しない。ところが、それとあまりにも印象の異なるこの書は、日本的教養を身につけた湯川秀樹という人間を理解するうえで興味が尽きない。幼少年期のエピソードとして、元紀州藩士の祖父に『論語』や『孟子』の素読を仕込まれたことはよく知られている。テレビ番組の対談で、「漢文を小さいときに習ったことは、物理学者であることと関係ないとも言い切れない」と湯川自身が語るのを見ると、彼の後半生を核廃絶や平和運動に駆り立てたのは、そうした江戸時代の教養が影響したと考えるのはあながち間違いではないだろう（NHK映像ファイル「あの人に会いたい」第一巻、NHKエンタープライズ、二〇〇八年）。

ところで、江戸時代はどのような学問に進むにしても、まずはだれもが儒学を学んだ。当然、この時代の知識人は儒学の概念でものを考えたし、聖人の言葉を自己の身体に一体化するように努めた。いわばその教育は、身を修め徳を養う「修己の学」であり、これが我が国における近世の思想や人間形成に決定的な影響をもたらしたといってよい。町儒学者の伊藤仁斎（一六二七―一七〇五）と京の町で出くわした京都所司代が、その大人《たいじん》の風格に圧倒され、馬から下りて深々と頭を下げたという逸話からは、当時の人びとが学問に求めていたものを垣間見ることができる。

こうした儒学的な思想は、ともすれば物事を客観的にとらえる視点を欠いた空疎な精神主義に思えるが、これが列強に対抗する新たな時代を切り拓くエネルギーを生みだし、同時に、西洋的な学術の受け入れに大きく貢献したのである。とすれば、我が国が明治という近代国家をつくるうえで、江戸教育がこの時代に与えた影響は計り知れないほど大きかったといえよう。

前置きが長くなったが、本書は「人物をつくる」教育が江戸時代に重んじられてきた意味について考察し、それを通して現代の教育のあり方を反省的にとらえ直してみたものである。ただし、教育の理屈は最小限にとどめ、その代わりにこの時代を生きた偉人たちに「学問」を語ってもらうことにした。いま、本書の内容を簡単に紹介すると、

第Ⅰ部の「人格を高める学びの伝統」においては、我が国の近代学校が普及する以前、とくに江戸時代の教育方法をときあかした。また、人間形成の教育に伝記を扱うことの意義を明らかにするために、教科書研究の権威である唐沢富太郎（一九一一―二〇〇四）の知見を基礎に、近代国家の建設とともに我が国の教育が人物教材をどう位置づけてきたか、そしてそれが教育にいかなる意味をもつことになったかを究明しようと試みた。

第Ⅱ部の「人物をつくる道徳授業」においては、偉人を扱った道徳授業の方法を、実践を交えながら具体的に提示した。というのも、近年、伝記資料を用いた道徳学習に注目が集まるなかで、同じように人物を扱いながら、子どもを発奮させる授業と、知的レベルにとどまるだけの授業が見られるからである。こうした問題に対して、伝記資料の開発と授業づくりの二つの方向から私なりの見解を述べてみた。これを読んでいただくと、伝記資料をどう扱うかという疑問はもちろん、現在の道徳授業が抱えている閉塞的な糸のもつれを解きほどく手だてになるのではないかと思う。同時に、教科化が議論されている道徳のあり方や内容についても改めて検討する素材となることを期待している。

第Ⅲ部の「子どもが育つ教室」には、これまで『児童心理』(金子書房)の誌上に掲載した論考から本書のテーマに関係したものを選び、第Ⅰ部・第Ⅱ部の実践編として再構成した。もともと教師や保護者を対象に執筆したものなので、日々教育の実践に従事されている人びとのサポートとして、あるいは道徳の授業づくりに携わる教師の皆さんに利用していただければ、筆者にとってこれに過ぎた悦びはないと考えている。

繰り返すが、本書はその特徴として偉人にまつわる逸話や言葉を多く取り上げた。その理由は、人間形成の営みは抽象的・観念的な理論に導かれるよりも、具体的人間像に学んだほうが現実的な力を得やすいと考えたからである。『孟子』(万章篇)に「天下の善士《ぜんし》を友とするを以《も》って、未《いま》だ足らずとなすや、また古《いにしえ》の人を尚論《しょうろん》す」(天下のすぐれた人物を友として学び、それが十分でなければ、古人を友として学ぶがよい）とある。古くから人物学を重視してきた我が国の教育にとって、伝記は人格をみがく砥石《といし》である。

ただ、偉人たちの生涯の事跡については細心の注意を払ったつもりでいても、おそらく適正を欠いていたり、不備があったりすると思われる。その点は、本書を手に取ってくださった読者に様々なつぶやきを喚起させるに違いないが、それは筆者の勉強不足によるものとあらかじめご了解を願うことにする。

目次

第Ⅲ部　子どもが育つ教室

第Ⅰ部
人格を高める学びの伝統

1 日本人が理想とした精神

無私清明なる心の追求

いまから百年ほど前、新渡戸稲造の『武士道』（一九〇〇）、岡倉天心の『茶の本』（一九〇六）、そして内村鑑三の『代表的日本人』（一九〇八）が相次いで刊行された。日本の文化や精神を欧米に紹介するために書かれた代表的三著作である。

そのひとつの『代表的日本人』は、本の題名が示すように五人の生涯をたどりながら、日本人の思想や生きる姿を紹介している。その人物とは、西郷隆盛、上杉鷹山、二宮尊徳、中江藤樹、日蓮であるが、著者の内村があえてこの五人を選んだ理由はよくわからない。ただ、時代も分野も異なるこれらの人物が、「純粋なる意志」を発揮して生きたということは共通している。

実際、内村は本書のなかで、「西郷は人間の知恵を嫌い、すべての知恵は、人の心と志の誠によって得られるとみました」(1)と述べ、西郷隆盛が私心を捨てることを修養の要とした人物であることを強調している。

こうした日本人が培ってきた心性が、我が国の伝統社会のなかから生成された思想として教育の基底をなしたのである。したがって、ここではまず「純粋なる意志」が何であるかを明らかにするために、日本人が求めた精神の変遷を簡叙して、これからの論考に資したいと思う。

日本人が好む感情のひとつに、共に悲しむという同情共感がある。本居宣長(一七三〇―一八〇一)の「もののあはれ」論(2)は、これを思想的にまとめたものである。

宣長は、人のあわれの情をあわれと受けとめるところに、人間の交わりの本質があると考えた。また、このあわれは人間の心のあり方としてだけでなく、この世のあらゆるものに内在すると述べる。たとえば、あわれな月とは、人があわれと受けとめるような趣《おもむき》を内包した月であるように、宣長の説いた「もののあはれ」論は、世の中のものに内包するあはれ性を感じとる心のはたらきである。

ここでとくに注目されるのは、他者がものに感じてあわれと慨嘆しているその心情を、あわれと受けとめることが「もののあはれをしる」と宣長は考えていることである。ここに積極的に他者の気持ちを推し量るといった、日本人の人と人との交わりの特徴を見いだすことができる。

これについては、近世中期に書かれた『常山紀談《じょうざんきだん》』の次の行《くだり》を読むとよくわかる。

「ある主従が那須与一の平家琵琶を聞いた。これに涙した主君に、このような勇壮な話になぜ泣くのかを尋ねた。これに対して主君は、与一はもし扇を射損ねたら腹を切る覚悟をしていただろう」と言うのである(3)。つまり、死の覚悟をして臨んだであろう与一の心中を察せよと教えている。

このように日本人は、同情共感としてあわれなる他者への情において生き、そのような仕方において人と人とのかかわりを重視してきた。目に見えない言葉の深部でのやりとりは、まさに日本人独自の能力といえるが、さらに、こうした人間関係は、それ自体において絶対的・超越的な意味をもつことになったのである。

ところで、このような人間関係の理解のもとで、日本人はいかなる生き方を自らに求めてきたのであろうか。

生き方についての根本的な自覚は、国や民族によって異なる。たとえば、ギリシャ人は人間世界に宇宙を貫く論理をもち、中国人は天意を地上で実現することを考えている。これらの考え方の基底にあるのは、何らかの客観的な理法が存在することを認め、それに従って生きることを基本としている。

これに対して、日本人は主観的な純粋性・無私性を追求し、それを生き方の根本としてきた。『万葉集』に「清」の文字がしきりに用いられたように、古代の日本人は、虚飾のない心をひたすら求めたのである。そこに生成された思考形式が、いわゆる「日本らしさ」の源流となったといえる。

この「清き明き心」は、やがて「正直《せいちょく》の心」の確立に移行していく。中世の人びとは、これを追求することで、人格的努力の目標を無私の確立に向けたのである。

道理を問題にすることにおいて「正直の心」と「清き明き心」は別物であるが、内面の無私性の確立をひたすら求めることにおいて、両者が連続していることは明らかである。

また、「誠」は儒教のひとつの概念であり、他者に対して偽り飾ることのない心情を内容としている。当時の日本人が、儒教のなかにあるさまざまな概念から、とくにこれを取り入れたことに日本的特質がよく出ているのではないかと思う。

この思想は、明治維新後の近代日本にも影響をおよぼした。西田幾多郎（一八七〇―一九四五）は著書『善の研究』で、「善とは何か」を問い、もっとも厳粛な内面的な要求に生きることに人格の実現をみた。それとともに、西田はこれを「至誠」ととらえ、これこそ「善行為の動機」であるとした(4)。この至誠至純の思想が、「勤勉」な日本人を形成する精神的土壌を生み、その国民が明治期の近代化を成し遂げたといってよい。

このように、日本人の精神史を貫いている骨組みには、普遍的な価値判断の基準を客観的に追求する姿勢ではなく、無私無欲に徹するときに、「世のため人のためよかるべきやう」としての道理が明らかになるとする思想が根づいている。

武士道の倫理

明治期の教育は「お侍《さむらい》教育の上に乗っかかっていた」(5)といわれるように、日本近代の学校に大きな影響を与えたのは江戸時代の教育であった。なかでも武士道の精神が基軸となって明治を生きつづけたことは確かである。

武士道については、新渡戸稲造(一八六二―一九三三)の次のような体験が伝えられている。新渡戸は、留学先のベルギーで「日本の学校には宗教教育がないといわれるが、一体あなた方はどのようにして道徳を授けるのか」と聞かれ、この問いに対する答えを真剣に問いただした結果、自分に正邪善悪の観念を吹き込んだのは武士道であることを確信したというのである。そして、この問いに答えるべく著した『武士道』の冒頭で、「かつては実在し、現在の瞬間には消失してしまっている、はるか彼方の星のように、武士道はなおわれわれの頭上に光を注ぎつづけている」(6)と述べている。

武士道と聞けば、「武士道といふは死ぬ事と見付けたり」(7)の言葉を思い浮かべる人が多いが、もともと『葉隠』に述べられている武士道は死に急ぎの哲学ではない。それは四誓願に忠実にあることで、言うならば「死をきわめておく」ことであった。そして、誓願のなかの「親に孝行仕るべき事」や「大慈悲を起こし人のためになるべき事」は、武士だけに要求される生活態度でなく、天下万民の守るべき道徳的規範であったといってよい。言うまでもなく武士も日本人であり、武士ではない人びとと根底においては同じ精神的土壌に生きてきた。加えて武士たちは、戦いにおける死との隣り合わせの体験と、その道徳のうちに生きることによって独自な精神を形成したのである。

万延元年（一八六〇）に幕府が派遣した遣米使節団の一行を目にした詩人ウォルト・ホイットマンは、そのときの感動を「ブロードウェイの行進」(8)と題する詩に表現した。ホイットマンだけでなく多くのアメリカ人を感嘆させた日本人の深い教養と堂々たる立居振るまい、そして礼節をそなえた姿はまさにそうした武士道精神によって培われたものであった。武士道には、個人と個人との間での戦闘的な技術とは別に、人間として生きるための精神的な探究があり、日本人はその過程を通して忍耐と練達を学んできた。それによってたとえどんな過酷な条件であっても、じっとそれに耐えながら、人格を高めていく日本人像をつくりあげた。

また、武士道の伝統は、自他それぞれの独立性を認める精神を形成してきた。安政六年（一八五九）江戸の伝馬町牢で刑死を覚悟した吉田松陰は、「義卿三十、四時已に備はる、亦秀で亦実る、その秕《しいな》たるとその粟たると吾が知る所に非ず」（私は三十歳、四季はすでに備わっており、花を咲かせ、実をつけているはずである。それが単なる籾殻《もみがら》なのか、成熟した粟の実であるのかは私の知るところではない）と述べたように(9)、武士たちは自分に対する他者の評価がどうなのかではなく、あくまでも武士としての役割を全うするために自らを律したのである。

この「人は人たり、我は我たり」という考え方を、明治期の思想に意味づけしたのが内村鑑三（一八六一―一九三〇）である。クリスチャンの内村は、外国人宣教師たちの前で、日本人にとってキリスト教は「日本的キリスト教」であり、それは「武士道なる砧木《だい》に接木されたキリスト教である」と誇らしく語ったと伝えられている(10)。しかして、武士道を人の道として最高のものだと信じた内村は、誠実であることをもって自己の信仰を実にしようとする者に対して、それがたとえ敵であっても尊敬の念をもつことにとまどいはない。

これらのことから、武士が対峙において自他をとらえるとき、そこには自己の独り立つ存在性だけでなく、他者の独り立つ存在性に敬意をもって接する精神が成立していたと理解できる。武士は自分と同じように他者（敵であっても）の人格に敬意をはらわなければならないと教えられたが、それは後日における自己の人格形成の営みや、生に執着しない潔い死への自重の意味があった。

明治三十八年（一九〇五）一月五日に行われた「水師営《すいしえい》の会見」が美談として世界中に報じられたことは、乃木希典の個人的稟質《ひんしつ》であるだけでなく、日本人の多くがもつ理想的世界観のあらわれでもあったといえる。それがよくわかるのが、会見の三日前に山県有朋が乃木に伝達した「陛下には、将官ステッセルが祖国のため尽くせし苦節を嘉《よみ》したまい、武士の名誉を保たしむべきことを望ませらる」という明治天皇の聖旨である(11)。

また、会見の撮影を申し入れたアメリカの映画技師に対して、乃木が「敗軍の将にいささかの恥辱を与えてはならない」と断ったことも、武士の情けを重んじる日本人の思想を体現している。いずれにせよ、「人は人たり、我は我たり」という姿勢は、人の「間」を重視する心が対峙による生死ぎりぎりの場を見つめる集団倫理のなかで培われた。

この考え方は、精神史的に遡れば、古代日本の多神教的な宗教性に通底しており、たとえば、石田梅岩（一六八五―一七四四）を祖とする心学の、いかなる宗教でも立派な教えであれば自分の心をみがくことができるという考え方は、日本人がもつ多神教的な宗教観の現れのひとつといえよう。

こうした日本人の心の底層に流れる八百万《やおよろず》の神的な考え方が、武士の生死ぎりぎりの場を見つめるという対峙場面においても、「人は人たり、我は我たり」の一隅に立つという倫理的自覚をうながすことになったのである。

武士道が到達した世界観は、伝統的な日本人の心のひとつのあり方を結晶させているが、それが我が国の近代教育の建設に大きな影響をおよぼしたことは明らかである。

註

（1）内村鑑三（著）、鈴木範久（訳）『代表的日本人』岩波文庫、一九九五年、四〇―四一頁。
（2）相良亨『日本人の心』東京大学出版会、一九八四年、一三―一四頁。

(3)同右、一七八頁。宣長は、この「物のあはれをしる」人を「心ある人」、また「よき人」という。
(4)同右、九五頁。
(5)「産経新聞」二〇〇四年一月五日参照。
(6)新渡戸稲造(著)、奈良本辰也(訳)『武士道』三笠書房、一九九三年、序文参照。
(7)山本常朝(講述)、田代陣基(筆録)、神子侃(編訳)『葉隠』徳間書店、一九六四年、四九頁。
(8)泉三郎『堂々たる日本人』祥伝社、一九九六年、一七〇―一七二頁。
(9)吉田松陰(著)、古川薫(訳)『留魂録』徳間書店、一九九〇年、八五―八六頁。
(10)高橋富雄「武士道と日本道徳」『体育科教育』一月号、大修館書店、一九八四年参照。
(11)岡田幹彦『乃木希典　高貴なる明治』展転社、二〇〇一年、一六二頁。

2 近代教育と理想的人間像

教科書に登場した人物

国定教科書は明治三十七年（一九〇四）から、昭和二十年（一九四五）までに合計五期におよんで作成された。それらの教科書に登場した人物を拾いあげてみると、修身科が百四十二人、国語科は百八十五人となっている(1)。修身教科書には明治天皇がもっとも多く登場し、以下、二宮金次郎、上杉鷹山、渡辺崋山、加藤清正、フランクリン、豊臣秀吉、貝原益軒、伊能忠敬と続いている。また、国語教科書では、源義経、明治天皇、大国主命、水兵の母、豊臣秀吉などが多く取りあげられている。各期の教科書に現れる人物や登場する頻度はそれぞれ異なるとしても、戦前の子どもたちが授業を通して多くの人物像にふれていたことは確かである。

ここでは、各期の修身教科書に取りあげられた人物の変遷をたどりながら、それらが戦後の教科書にどのように扱われたのかを考察してみたい(2)。

第一期国定修身教科書(一九〇四―一九〇九)に複数取りあげられた人物は、明治天皇、リンカーン、フランクリン、二宮金次郎、上杉鷹山、ナイチンゲールなどである。この期の教科書は、近代的市民倫理の内容を充実するために西洋人を多く登場させていることに特徴がある。日清戦争に勝利し、資本主義の興隆期に向かう時期の開化性を帯びた教科書ということになる。

第二期の教科書(一九一〇―一九一七)には新たに「忠君愛国」の題目が加わり、国家主義的な要素と家族主義的な要素が強調された。登場する回数が多い人物は、明治天皇、二宮金次郎、上杉鷹山、伊能忠敬、渡辺崋山、加藤清正である。一期の教科書には全体の約二十四%取り扱った西洋人が、この期は約七%まで大きく減少した。

第三期の教科書(一九一八―一九三二)が改訂されたのは、大正デモクラシーといわれる自由主義的な時代背景を受けて、全国各地で進歩的な新教育運動が展開された時期である。この期の教科書にたびたび登場する人物は、渡辺崋山、上杉鷹山、二宮金次郎、明治天皇、天照大神である。第一次世界大戦の反省から世界が挙って国際協調や平和主義を唱えるなかで、日本の教科書もそのような要素が強くあふれた教材を扱っている。またそれと並行して、神国観念を強調した教材も現れた。

第四期の教科書(一九三三―一九四〇)の特徴は、再び国家主義的なものが多くなり、神国観念を与えようとする教材が用いられるようになったことである。この期の教科書に登場する回数が多い人物は、渡辺崋山、上杉鷹山、二宮金次郎、吉田松陰である。ここで注目したいのは、吉田松陰の登場回数が多くなり、扱い方も大きく様変わりしていることである。前回の教科書には、十一歳で藩主に兵書の講釈をしたり、松下村塾で「この塾からきっと御国の柱となるような人が出る」と弟子たちを励ましたりした逸話をもとに、「自信をもつ」という〈個人の道徳〉が掲げられていた。それに対して、この期の教科書では「臣民としての道を守り、命をささげて陛下の御ためにつくすのが、ほんたうの日本国民だと、玉木のおぢ様が教へてくださいました」というように〈国家に対する道徳〉が強調されるとともに、松陰の行動的・志士的な側面が目立った内容になっている。

第五期の教科書（一九四一―一九四五）が改訂されたのは、太平洋戦争が始まった年である。小学校が国民学校と改称され、「皇国ノ道」に即し「国民ノ基礎的錬成ヲ為ス」ための内容になった。教科書には建国神話にかかわる人物や伝承が組織的に配列され、明治天皇、吉田松陰、勝海舟の登場とともに、軍人に関係する人物がきわだって多く取りあげられている。たとえば、乃木希典、大山巌、橘中佐、横川省三、沖禎介、佐久間艇長、加藤建夫、岩佐中佐他八名特別攻撃隊、飯沼正明といった軍人が次々と登場し、皇室・国家・軍事に関する内容が多くを占めることになった。

合計五期の教科書を通覧すると、第一期が徳目主義で構成されたのに対して、ヘルバルトの教育思想が全盛の第二期のころからは、日本人を扱った人物中心に転換している。ただし、その人物像に時代の社会的・政治的要請が色濃く反映されていて、その意味ではやはり徳目主義と言わざるを得ない。そう考えると、戦前の修身科では、徳目主義と人物主義を併用するという指導方法が一貫して用いられていることになる。

それでは、戦後の教科書において人物教材はどのように扱われたのだろうか。

戦後の混乱期（一九四六）に発行された国定歴史教科書『くにのあゆみ』は、戦前・戦時中の皇国史観を否定し、考古学的成果や社会経済史的側面の内容で構成されている。これについては、連合国軍総司令部の民間情報教育局（ＣＩＥ）が、「天皇や偉人を中心とする歴史を改め、人民を主とした歴史とすること」を、当時の文部省に指示したことが大きく影響している[3]。また、昭和二十二年（一九四七）に新しく設けられた社会科の教科書には、モールス、ベル、マルコニー、スティブンソン、ライト兄弟、エジソン、フランクリン、ペリーなど欧米人が多く取りあげられ、日本人の扱いはごくわずかである。

こうしてみても、戦後教育が意識的に人物教材を避けたことは確かである。その理由には、戦前の人物像がファシズムや超国家主義の象徴であったことや、当時の文部省に対するＣＩＥの影響が考えられる。と同時に、戦後の教科書に現れた人物やその扱いが、我が国の現実とはかけ離れたところで取り入れられたことも看過することができない。

これについては、唐沢富太郎の「戦後の国定教科書が文化、平和を強調するあまり、現実の社会から遊離した観念性、抽象性を蔵していたと考えられる」(4)の指摘が参考になる。つまり終戦直後の教育は、過去の教科書の使用禁止の状況を早急に解消するために、直輸入したアメリカ教育を用いて形式的な民主主義を教えたにすぎなかった。もちろん、過去の日本に民主主義を課題として生きたモデルを求めることが難しかったという事情もあったと思われるが、理想的人間像の大半を外国に頼ったという状況は異常であったといってよい。

こうして昭和二十二年(一九四七)の社会科の発足以後、歴史上の人物教材は教科書から急速に影をひそめ、民主主義や平和主義のお題目が説明されるだけになってしまった。要するに、そうした理想国家をつくる人間についての考察が、この時期の教科書ではほとんど抜け落ちていたことになる。再び唐沢の言葉を借りると、「戦後の教科書では、既に述べたように人間像を具体的に与える点において極めて抽象的であり、児童の心性に直截に訴えるようなものはまことに僅かであった。その意味で戦後の教科書は、児童達に明確で印象的な人間像を与えることが出来なかった」(5)のである。

このような人間不在の教育のはじまりとともに、子どもたちは伝記から遠ざかっていった。そして、そうした理想的人間像を喪失した学校教育のあり方は、今日の社会を覆う閉塞感と深く関係しているように思われる。

ところで、平成十年に出された中央教育審議会の「新しい時代を拓く心を育てるために」の答申には、道徳授業が子どもたちの興味・関心を失わせている要因として道徳資料のありように言及している。そしてその対策として、「物語だけではなく、偉人の伝記等を再評価したり、名作、古典、随想、民話、詩歌、論説など様々な資料を発掘して活用するなどの取組が望まれる」と、子どもの心に響く資料の活用を求めるなかで、とくに偉人伝がもつ効果に期待を寄せている。

半年後に公示された新学習指導要領に合わせて、翌年（平成十一年五月）に改訂された小学校学習指導要領【道徳編】には、これとほぼ同様の文言が記載された。続いて現行の小学校学習指導要領（平成二十年三月）の第三章道徳には、道徳の時間に扱う教材について「先人の伝記、自然、伝統と文化、スポーツなどを題材とし、児童が感動を覚えるような魅力的な教材の開発や活用を通して、児童の発達の段階や特性等を考慮した創意工夫ある指導を行うこと」とさらに踏み込んだ内容になった。また、同学習指導要領　第二章各教科　第四節社会科においては、国定教科書に登場していた明治天皇や東郷平八郎をはじめ、我が国の国家や社会の発展に大きなはたらきをした四十二名の人物名を指導事項として列記している。

前述した『くにのあゆみ』に散見する人物教材の軽視や、「昭和史論争」（一九五六―一九五七）における歴史観の対立があった時期と比べると、我が国の教育政策はもちろん、人びとの考え方が大きく変わってきたことがわかる。

人格的努力においては、目標となるものをどう考えるかが出発点となる。唐沢は教科書のなかに人物をどう具現するかという問題に対して、「児童の心性に印象づけられ、それが彼等の理想的人間像になり得るためには、単に思索などによって考え出された抽象的観念的な人間像ではなしに、たとえば、内村鑑三とか、福沢諭吉とかいうように、具体性をもった人物によって与えられることが必要であろう」(6)と結論づけている。

ただ、人物教材のあり方についての議論が難しいのは、往々にしてこの問題が政治的論争に翻弄される危険をともなうためである。戦前や戦時中の教科書に登場した人物が、軍国主義的・超国家主義的な教育のあらわれであると批判されるのは当然のことかもしれない。しかし少なくとも、かつてこの教科書によって自らを奮い立たせ、自己を形成していった世代があったのも事実である。したがって人物教材の教育的意義や効果を純学問的な観点に立って検証するならば、人物像を国家的・政治的な視角からながめるのではなく、子どもたちが自己の未来に向かって志を立てる契機になったところに目を向けるべきである。

伝記が人格形成に与える影響

森信三(一八九六―一九九二)は大阪天王寺師範学校の講義で、「伝記が人間の生き方を教える意味において、いかなる時期に読んでもそれぞれ教訓が得られる」と前置きしたうえで、これを深く読む時期が人生に二度あることを語っている(7)。その第一の時期は、十二、三歳から十七、十八歳前後にかけてであり、第二の時期が三十四、五歳から四十歳前後にかけてとしている。前者は「立志の時期」と呼ばれるが、森はこの時期を、「一生の方向を定め、しかもその方向に向かっていかに進むべきかという、腰の構えを決めるべき時期」と述べている。そして、「この時期において、最も大なる力と光になるものは、言うまでもなく偉人の足跡をしるした伝記である」と付け加えている。これに対して後者を「発願の時期」と呼んで、「自分の後半生をどこに向かって捧ぐべきかという問題を改めて深く考え直すために、もう一度深く伝記を読まなければならない」(8)と述べるのである。

なぜ、他者の生き方がこれほどまで自己の人格形成に影響を与えるのだろう。

その理由のひとつは、人間がだれしも善さを求めて生きる存在であることによる。何が善いのか、どのように行動することが善い生き方なのかをつねに自分に問いかけ、同時に、夢や理想に向かって生きようとしているのが人間である。つまり子どもたちが偉人に関心を寄せ、善い行いをした人の話を聞くのを好むのは、彼らの善く生きようとする心のはたらきが、そのあり方を教えてくれる具体像を求める姿なのである。

これについては、教育心理学者の蘭千壽が、「理想的な人や魅力的な人との出会いは、われわれのなかに〈見る〉視点から〈見られる〉視点への変化を生じさせ、現実の自己のこころを激しくゆさぶることになる」(9)と興味深い見解を述べている。いわばそれは、子どもがそのような人物になろうとする思いをもつことで、新たに自己をつくりかえようとする自己形成のエネルギーを得ることにほかならない。

この他者の姿を自分のなかに取り込もうとする能力はミラーニューロン（mirror neuron）と呼ばれ、ヒトに備わった固有のものとされている。もっともチンパンジーにも生まれてしばらくはその能力があるが、成長とともに失われてしまうらしい。ミラーニューロンとは文字通り鏡に映したように他人のふるまいを真似したり、自分と比較したりすることを司る神経細胞のことである。このニューロンは、他人がしていることを見て、自分のことのように感じる共感能力も司っているが、これが模倣などの認知活動をうながすと考えられている。こうしたはたらきを昔の人びとは経験的に知っていたのか、我が国では歴史物語を「鏡物《かがみもの》」(10)と呼んで親しんできた。

もうひとつは、偉人の生きざまが子どもの感性を刺激し、それが生得的にそなわっている道徳的感情を覚醒するはたらきである。そのことは、「人に親切にすることで快感を得られるのはなぜか」という素朴な疑問に答えることにもなるが、親切に限らず私たちは人に役立つことに喜びを感じるのは確かである。この点について、イギリスの哲学者・経済学者のミル（John Stuart Mill,1806-1873）は自伝のなかで、「自分自身の幸福でない何か他の目的に精神を集中する者のみが幸福なのだ、と私は考えた。たとえば他人の幸福、人類の向上、あるいは何かの芸術でも研究でも、それを手段としてでなくそれ自体を理想の目的としてとり上げるのだ」(11)と興味深い事実として述懐している。

近年、医学や生物学の分野で、こうした感性が祖先から受け継いだ精神機能であることが認められるようになった。生物が誕生したのちに獲得した形質は子孫に遺伝し、それらはＤＮＡの配置には変化を起こさず遺伝子の機能を調整するエピジェネティクス（epigenetics：遺伝後成説）といわれる[12]。要するに、人に親切にして快感を得たり、美しい夕日を見て感動したりするのは、何百万年という人類の歴史を生き抜いてきた結晶であり、それが感性として伝わっているとと考えるのである。

獲得形質の遺伝もこのはたらきが重要な役割を担っているが、この遺伝的資質は後天的環境の影響を受けて発現するという性質がある。たとえば、他者に手を差しのべようとする生得性能力は、祖先がそれを獲得したときのような刺激を受けてはじめて「親切」という行為を快感と認識する脳細胞のニューロン回路を機能させることができるのである。

では、具体的に道徳授業にそうした刺激はどのように用いられるのだろうか。

結論を先に述べるならば、資料を通して理想的な人物に出会わせることである。それによって湧出される原初的な心的エネルギーが、子どもの感性を大きく揺さぶるのである。たとえば正義ある行為を喜び、悪や不正を憎むというような道徳的要素が登場人物にあらわれており、その人物の人間的本質にふれることができたとき、祖先から受け継いだ真実や善に対する道徳的感情が目を覚ますことになる。

一見するとそれは個の能力を「引き出す（educe）」西洋の教育を想起させるが、それだけで人格教育を進めようとしても難しい。「人物をつくる」教育に必要なこととして、やはり東洋的な「人格をみがく」思想が根幹になければならないのである。当然のことながらそこには、発奮や立志という強力な内的動機づけが重要な意味をもち、これを抜きにして人格教育は成立しえないのである。それを佐藤一斎（一七七二―一八五九）は、「天は何の故に我が身を生み出し、我をして果たして何の用に供せしむとする。我既に天の物なりとせば、必ず天の役あらん。天の役共せずんば、天の咎《とが》必ず至らん」と、天から与えられた使命を果たし、意義ある人生を送ろうとしているか反省しなければならないと教える(13)。

ところが、現代の教育は「楽しく学ぶ」ことばかりをことさら強調し、学問によって「人格を磨く」という意味合いをほとんど失ってしまった。したがって、私たちの身の回りから「学問」という言葉はほとんどなくなり、学問に対する尊敬の念を表した「お願いします」の言葉は、学習の前に子どもや教師が交わす挨拶になってしまった。また、自己成長のための学びを支えるノートや鉛筆は、子どもたちにとって単なる文房具でしかなく、彼らはそれらを消耗品として扱っている。そもそも学問というのは、納得いくところまで原理を追究していく努力を通して、人間的成長を実現するひとつの方法として存在したはずである。だからこそ当時の人びとは、ことさら学問を尊びそのような心構えで学ぼうとした。

してみれば、幕末や明治の日本人が近代史上において重要な役割を演じることができたのは、たとえば新井白石の『折りたく柴の記』や福沢諭吉の『福翁自伝』に見られるように、自己を鍛える学問を通して精神を養っていたからである。そうした偉人たちの姿にふれることでミラーニューロンははたらきを強め、学問によって自らを高めようとする遺伝子を目覚めさせるはずである。人格的目標をもたせることは、子どもに人生に対する前向きの姿勢を生み出し、人物になるための努力をうながすのである。

西郷隆盛は「聖賢たらんと欲する志無く、古人の事迹を見て企て及ぶべからずと思はゞ、戦に臨みて逃る丶よりも卑怯なり」(14)と、学問をするにあたって何よりもまず本人が立派な人間になろうとする志をもつことを強調している。また、貝原益軒は「此志なければ、学問しても、益をなさず。小児の輩、第一に、ここに志あるべし」(15)と、学問の前提に立志をおくことを強く求めている。いわばこの点が、現代の教育にもっとも欠けていることであり、江戸教育が保持していた学びの伝統を、いまいかに見いだしていくのかが課題となる。

人格を学ぶ教材と自己との対話

道徳の副読本に、ソクラテス(Sokrates,BC469/470-BC399)の逸話が使われていたことがあった。死刑の判決を受けたソクラテスに、弟子たちは国外への逃亡を勧めるが、彼は悪法であっても法は守らなければならないと言って毒を飲むという内容である。

ソクラテスが告訴された理由のひとつは、アテナイの青年たちとの対話であり、それが彼らを腐敗させたということであった。当時のアテナイの政治家がめざしたのは、言論によって国民の多数の賛同を獲得し、自分の意見を国政に反映させることであった。そこでは弁論の巧みさだけが問題となり、人間の生き方そのものにかかわる言論は要求されなかった。それに対してソクラテスが問題にしたのは、自分自身に目を向けることであった。つまり、言葉を用いて相手を説得するのではなく、相手の目を実際に彼ら自身に向けさせ、自分自身についての「気づかい」をさせることであった(16)。

現代において対話のもつ意義を明らかにしたのはドイツの教育哲学者ボルノー（Otto Friedrich Bollnow,1903-1991）である。彼は人間がその本質において「問う存在」であるとし、その問いには「インフォメイションを求める問い」と「内省の問い」があることを指摘している(17)。この主張にしたがえば、道徳授業の「問い」は明らかに後者を基調としており、それは子ども自らが自身に向かって問うよりほかないものである。ところが、そうした特質が学校現場に十分理解されていないために、道徳授業の多くは子どもたちにとって退屈な時間になっている(18)。そもそも内省の問いの道徳授業において、その問いの答えは教師の側にはなく、子どもの心の内にあることを私たちは心得ておかなければならない。

これについては、印象深い授業があるので紹介してみたい。

「因幡の源左《げんざ》」と呼ばれる人物を取りあげた資料（「ようこそ ようこそ」）を用いて、四年生に道徳授業を実施したときのことであった（資料は第Ⅱ部3の授業例を参照）。

この資料を読み終わると、ある男の子が「源左という人は、バカじゃあないか」と感想をもらしたのである。この発言に教室の空気は一瞬凍りついたが、じつはこの子どもは困っている人を見過ごせない性格で、普段から友だちの面倒をよくみていた。だから源左の生き方がより強烈に彼の心をつかみ、それが「本当にこんな人がいたのか」という素朴な驚きとしてつぶやきを生んだのだと私は考えた。

そこで、「では、源左のことを今も多くの人が語り継ぐのはなぜか」とその子に問い返すと、彼はじっと考えこんでしまった。翌日、その子の日記を読むと、源左のことを「神様みたいな人」と書いていた。彼なりに「親切とは何か」という問いに真剣に向き合った結論がこの文言になったのだと思われた。私はこれを読んでほっとすると同時に、この子どもの心の内奥には、源左の生き方に憧れる気持ちがやさしさの拠り所としてこれからも生きつづけていくであろうことを確信したのである。

見方を変えれば、この子どもは道徳授業という枠組みを突き破り、資料を通して出会った源左という人物を鏡にしながら内省の問いをつづけたことになる。もちろん、だれに命じられたからでもなく、自らの意志で自分と対話したのである。まさに彼の善さを求める心の声が、具体的な人物を通して自己内対話の世界に引きこんだのである。

ところが、現実の道徳授業は子どもを自己との対話に導くのではなくて、道徳的価値を「教える」ことに力が注がれている。いわば、万人に共通する部分を抽出した概念へ誘導する指導である。してみれば、道徳授業の多くが子どもたちにとって退屈でつまらないものになっているという指摘は、そうした教師の勝手なロジックを子どもが見抜いているからにほかならない。

ここで重要なことは、子どもたちの目を登場人物の内面に向け、それを追体験しながら自己内対話にいざなう資料開発や指導方法のあり方を探ることである。その意味では、子どもが自分との対話を充実させる道徳授業をいかに構想するかが教師の腕の見せどころになる。

言うまでもなく、伝記は理想を実現しようと懸命に生きた偉人たちの汗水の跡である。また、「偉人は歴史の生んだものであるが、それと共に偉人が歴史を作るのでもある」(19)とも言われる。どうなるかわからない未来と、真正面から向き合って生きた人間の苦悩や覚悟に満ちた営みが、子どもを自己内対話という思索の世界に強く導くのである。

沖永良部島の吹きさらしの牢獄のなかで、読書と座禅に励んだ西郷隆盛の心の内を追体験したり、世界で初めて破傷風菌の純粋培養に成功した北里柴三郎が、ケンブリッジ大学やペンシルバニア大学の招聘を断ってまで帰国を決断した思いにふれたりすることで、子どもたちは自分への問いかけを深めるだろうし、またそこで考えたことは、その後の西郷や北里の生き方を通じておのずと納得が得られるはずである。逆にそれを推し量れなかったら、伝記は人間不在の味気ないものになってしまう。

どう生きるかという問題は人間を通して学ぶのがもっともわかりやすいが、そのための子どもを自己内対話に導く方法、そしてそうした対話の力を子どもに身につけさせる手立てを考えることが課題となる。第Ⅱ部では、この点について実践を交えながら具体的に論じることとするが、その前に、偉人たちがどのような教師ぶりを発揮したのか、また、どのような気構えで学問に向き合ったのかをエピソード風に取りあげてみたい。

註

(1) 唐澤富太郎『教科書の歴史』創文社、一九五六年、六七二―六七四頁。
(2) 同右、二二七―五五三頁。
(3) 同右、六一八―六二九頁。
(4) 同右、七三五―七三六頁。
(5) 同右、八〇九頁。
(6) 同右、八一一頁。
(7) 森信三『修身教授録』致知出版社、一九八九年、三六〇頁。
(8) 同右、三六二頁。
(9) 蘭千壽『変わる自己 変わらない自己』金子書房、一九九九年、一六四頁。
(10) 鏡は「歴史を写すもの」の意で用いられている。藤原道長の栄華を中心に描いた『大鏡』や、後醍醐天皇の隠岐への流刑を扱った『増鏡』が有名で、いずれも深く人間の歴史の真実に迫ろうとしている。これに『今鏡』と『水鏡』を加えて「四鏡」という。
(11) J・S・ミル（著）、朱牟田夏雄（訳）『ミル自伝』岩波文庫、一九六〇年、一二八頁。
(12) 佐々木裕之『エピジェネティクス入門』岩波書店、二〇〇五年、五二頁。

(13) 佐藤一斎（著）、久須本文雄（全訳注）『言志四録』講談社、一九九四年、一一頁。
(14) 頭山満（講話）、雑賀鹿野（編）『西郷南洲遺訓講話』至言社、一九九〇年、二九頁。
(15) 辻本雅史『「学び」の復権』角川書店、一九九九年、一三八頁。
(16) 藤田正勝「対話ということ」押谷由夫（編）『生きぬく力を育てる心の教育』教育開発研究所、一九九六年、五六―五七頁。
(17) O・F・ボルノー（著）、森田孝・大塚恵一（訳編）『問いへの教育』川島書店、一九八八年、一八一―一八七頁。
(18) 文部科学省が公表した「義務教育に関する意識調査」（二〇〇五年六月速報版）によると、道徳の時間に対する子どもの受けとめは教科全体のなかで下位に位置し、第六学年では「最も好きになれない学習」となっている。
(19) 津田左右吉『歴史と必然・偶然・自由』新學社、一九七五年、六五頁。

3 教師としての偉人たち

藤樹先生が教えた人の道

中江藤樹（一六〇八―一六四八）は江戸時代初期の学者として、「藤樹学」と称される独自の学問を形成した儒学者としてつとに有名である。人びとはその学識と高潔な人柄を「近江聖人」と言って崇めた。また、屋敷に藤の木があったことから、「藤樹先生」と親しみをこめて呼んだ。

内村鑑三は、著書『代表的日本人』のなかで中江藤樹を「理想的な学校教師」と称え、日本の教師を代表する人物として取り上げている。教育者としての藤樹を語るうえで忘れてならないのは、十一歳のときに読んだ『大学』の一節の「天子自り以て庶人に至るまで、壹に是れ皆身を修むるを以て本となす」に深く感動し、将来の全生涯を決める大志を立てた出来事である。

藤樹はこのとき、「聖人たるべし」と感激の涙を流したと伝えられているが、そのときの思いは生涯にわたって彼とともにあり、教育にもそれが存分に発揮された。

藤樹が村に私塾を開いたのは二十八歳のときであった。藤樹は、門人たちの徳と人格を重んじ、学問のレベルや学識の程度はほとんど問題にしなかったと伝えられている。それは、藤樹書院に掲げられた「致良知」の扁額から、純粋な良知にたどりつくまで心を磨くことを教育の指針としたことからうかがえる。

それでは実際にどのような教師ぶりだったのだろうか。藤樹の教育方針をもっともよく表していると思われる授業風景を取り上げてみよう。

あるとき、藤樹のもとに大野了佐という武士が入門してきた。彼の志と熱意を感じ取った藤樹は、『医方大成論』という医学書を用いて医学を学ばせることにした。ところが、生まれつき物覚えが悪い了佐は、なかなかその書物を読み通すことができなかった。たとえば、午前十時から午後四時までかけて二百回も繰り返して覚えさせた内容を、夕食がすんでからもう一度読ませるとすべて忘れてしまっている。そこでさらに百回ほど繰り返してやっと覚えることができたという具合である。

そこで藤樹は、了佐が理解しやすいように、医学書を学ぶためのテキストを自ら作ることにした。藤樹自身が和漢の医学書を読んで勉強し、それを了佐が理解できるように再編集したのである。一部ができると了佐に読ませて、さらに次の原稿を渡すときに理解できているかどうかを確かめながら進めるという、まさに師弟同行の学問の業であった。

こうして了佐は医学を修得し、医師になることができたのである。このとき藤樹が了佐のために書いたテキストの原稿は、四百字詰の原稿用紙に換算するとじつに千枚にもなったといわれる。

このように藤樹は、愛情と精魂を尽くして了佐に学問を教えた。しかも彼の志と熱心さを門人たちに称えてやまなかったのである。そうした教育者としての姿勢こそ、十一歳のときに『大学』を読んでもった「聖人とならんの志」を純粋一途に歩む姿であった。ことに晩年の著作に見られる「学ぶところの書物、数の多少に心をとどむべからず。ただひたすらに聖人となるべきと志を励まし、迷いをわきまえ、自己心裏の明徳を明らかにする益を求むべし」の一文は、藤樹学を貫く根本精神を端的に語り尽くしている。

新井白石（一六五七—一七二五）は、十七歳のときに藤樹の『翁問答』を読んで儒者になる決心をしたといわれている。また、熊沢蕃山《くまざわばんざん》（一六一九—一六九一）が入門するきっかけとなった「馬子の正直」の話や、藤樹の墓を訪ねたら村人が礼服を羽織って案内したという逸話は、教育者としての藤樹の魅力や感化力を余すところなく伝えている。

時代に関係はなく子どもにとって教師の影響力は絶大である。教師という存在が子どもの善さのはたらきを活性化し、勉学に励もうとする力を引きだすのである。すなわちそれは、教師自身の人間としてのあり方や生き方が問われることである。

貝原益軒は、著書『和俗童子訓』のなかで、「小学に学問をおしゆるに、はじめより、人品《ひとがら》よき師を求むべし。才学ありとも、あしき師に、したがはしむべからず」（辻本雅史『「学び」の復権』角川書店、一九九九年、一四三頁）と、学問の師匠を選ぶ基準は、その人間の学問的力量や指導技術よりも、善なる人柄を重視することを強調している。師匠への入門は、特定の人間との人格的な関係を取り結ぶことを意味するが、子どもたちはそこで読み書きを学びながら師匠の人間性や思想を自分のものにしたのである。

そう考えると、藤樹が門人や村人たちにおこなった教育は、藤樹自身にとっていわば「聖人ならんの志」を実現するための業であったといえる。そしてその薫陶を受けた人びとは、教えにしたがって日々実直に暮らすことを実践したのである。

松陰先生の講義と手紙

物置小屋を改造した塾で、吉田松陰が直接に教育にあたった期間は、安政四年（一八五七）十一月五日から、安政五年（一八五八）十二月二十六日までのわずか一年二ヶ月でしかなかった。人間形成という営みに与えられた期間はあまりにも短すぎるが、この粗末な塾から高杉晋作・久坂玄瑞・山県有朋・前原一誠・品川弥二郎・伊藤博文をはじめとする傑物を輩出した。

では、村塾で松陰はどのような教師として弟子たちに相対したのだろうか。

入塾者に松陰が最初にかける言葉は「御勉強されられい」であった。また、「何のために学問するのか」を問いかけた。松陰は、塾生がどれだけ人間として目覚めているか、学問への志をどの程度もっているかをもっとも重視したのである。

実際、松陰は村塾を運営するにあたって、「萩城の将《まさ》に大いに顕はれんとするや、其れ必ず松下の邑《むら》より始まらんか」（もし長州藩が世に大いに顕れるとすれば、それは必ずや松下村塾から出るだろう）と、天下を奮発震動させる人物の育成が教育の目的であることを明確に示している。

松陰の塾生に対する姿勢は、彼らをすべて自分と同学・同門の徒とみて、自分は師であるという意識をもっていなかったことである。それゆえに、好学の同志としてお互いに切磋琢磨しようという態度で塾生たちに接した。もちろんそれは、士分の者であろうが、農民の子であろうが、魚屋の子であろうが、不良少年であろうが、あるいは年齢のいかんを問わず、村塾に入った以上は、ひとしく敬愛の情をもって接したのである。

村塾における講義の内容は、『日本外史』、『資治通鑑』、『春秋左氏伝』などの歴史が多く扱われた。当然、そこではさまざまな人物が登場することになる。

平素は、おだやかに低声で塾生たちに接していた松陰であったが、いったん講義が始まるとその姿は豹変した。実際に松陰自身が歴史上の人物になりきり、泣いたり怒ったりと、すさまじいまでに感情を発露させたのである。

このときの様子を、後年、当時塾生だった天野清三郎が、「先生は塾生に書を講ずるにあたり、忠臣・孝子が身を殺し節に殉ずるなどのことに至ると、目に涙をため、声を震わせ、甚だしいときは熱涙が本にしたたるほどであった。つられて塾生が感涙にむせぶということがよくあった。また逆臣が君公を苦しませるような話になると、まなじり裂け、大声を発し、怒髪天を衝くというありさまであった」（森村宗冬「松下村塾」『図説江戸幕末の教育力』洋泉社、二〇一三年、二一一—二一二頁）と述懐している。

このようにしばしば感情の赴くままの講義をしたが、もともと松陰にはお世辞や追従らしきものは少しもなく、自らの思うところを素直に表現しただけであった。

また、松陰は、遊学や遊歴の旅に出る塾生たちに、「送序」と呼ばれる壮行の辞を贈った。この送序は単なる激励文ではなく、その塾生の美点・長所を美しい文章で書き上げ、次に、憂うべき時勢を述べてそれに対処する志士としての心構えを説き、最後にその意義を深く感じての自重自愛・精励努力を望むという趣旨のことばで結んでいる。

たとえば、久坂玄瑞の江戸行きに際しては、次のような名文を贈っている（佐藤薫『吉田松陰』第一法規、一九七二年、二〇一頁）。

今や天下大変革の兆あり。而して実甫（久坂玄瑞）は吾が社の領袖なり。実甫往《ゆ》け。士、此の間に生まれて、適《ゆ》く所を撰ぶを知らざれば、志気と才と、将《は》た何の用うる所ぞ。生の死に如かざるや之れ久し。実甫の行、皇京に過り、江戸を観れば、其れ必ず偏く天下の英雄豪傑儻の士を見ん。往きて与《とも》に此の義を討論し、以てこれを至当に帰し、帰りて一国（毛利藩）の公是を定むるは、誠に願う所なり。若し然る能わざれば、吾れの推すに少年大一流を以てせしは、一家の私言となりて、天下の士に愧《は》づべきや大なり。実甫往け。是れを贈言と為す。

このような格調の高い、そして真心にあふれた送序を師から贈られた塾生が感奮興起しないはずはなかった。教師としての松陰の真骨頂は言葉の力である。それが塾生たちの胸に投げ込まれた火種となり、やがて激しく燃えさかったのである。こうした松陰の純粋で洗練された言葉が、つねに塾生たちの魂に食い入るような教育を可能ならしめたといってよい。

松陰の強烈な感化力は、松陰自身の人間的魅力であったに違いないが、同時に、あらゆる機会をとらえて塾生の長所をとらえる観察眼と、相手を選ばない誠実な姿勢をもっていたことによると思われる。そして、学ぶことの目的や意味を自覚させつづけたことが大きい。本人の気づかない長所を発見し、それを意識づけることによって自信と誇りをもたせるとともに、時務論を論じ合いながら自敬自省の心を啓発し、目標に向かって全力で進む気迫をかき立てるように導いたのである。

洪庵先生が開いた蘭学塾

緒方洪庵（一八一〇―一八六三）は幕末期の優れた蘭方医であったばかりでなく、教育者としても数多くの俊英たちを世に送り出した。

江戸遊学を終えて大阪に戻った洪庵は、天保九年（一八三八）に医業を開始した。ここに併設した蘭学塾が適塾（適々塾）である。入塾者の氏名を記した姓名録が今も残っているが、これによれば氏名を記した者は六三〇余りいて、現在の都道府県に当てはめると、青森県と沖縄県を除いた四十五の地域から入塾している。

適塾の教育は、苛烈な競争原理で貫かれていた。

塾生は学力別に八～九ほどの級に分けられていて、塾生のトップは塾頭とよばれていた。初学者はまずオランダ語の文法を習うが、これはテキストの素読で頭に叩き込んだ。オランダ語を理解できるようになると、次は原書の会読に加わる。出席者が順に原書の解釈を述べ、それに対して質疑応答を重ねながら議論するといったシステムになっていた。とにかく何年いたから進級するとか、卒業できるということはなく、自分の正味の実力を養うことが適塾での唯一の目標であった。

そのなかに福沢諭吉がいた。福沢は晩年、「日が暮れたからといって寝ようとも思わず、しきりに書を読んでいる。読書にくたびれ眠くなってくれば、机の上に突っ伏して眠るか、あるいは床の間の床側をまくらにして眠るか、ついぞほんとうにふとんを敷いて夜具を掛けてまくらをして寝るなどということは、ただの一度もしたことがない。……これはわたしひとりが別段に勉強生でもなんでもない、同窓生はたいてい皆そんなもので、およそ勉強ということについては実にこの上にしようもないほど勉強した」(福澤諭吉(著)・富田正文(校注)『福翁自伝』慶應義塾大学出版会、二〇〇一年、七七—七八頁)と塾生時代を述懐している。これを読むと、塾生たちの凄まじい勉学ぶりがよくわかる。

二階の大部屋は、塾生たちが勉強し、生活した場所である。彼らはここで月六回ある蘭書の会読にそなえた。予習で他人に質問することは許されていなかったので、塾に一冊しかない蘭和辞書『ヅーフハルマ』を頼りに自力で勉強するほかなかった。だからこの大部屋は自学自習する塾生たちの熱気があふれ、ことにこの辞書が置かれていた通称「ヅーフ部屋」には夜通しで灯火がついていた。ある塾生の、「辞書を座右において原書を読むことができれば、天下の愉快だろう」の言葉から、塾生たちが不自由な状況においても、驚異的な熱意をもって西洋の知識を吸収しようとした様子をうかがい知ることができる。

塾生たちを勉学に駆り立てたものはいったい何だったのだろうか。

大阪に現存する適塾を訪ねると、「医の世に生活するは人のためのみ、おのれがためにあらずということを其業の本旨とす……」の文章ではじまる十二か条の訓戒(扶氏医戒之略)が目に入る。これは洪庵が、「扶氏経験遺訓」の原書Enchiridion Medicumの巻末にある「医師の義務」に感動して抄訳したものである。自分自身と塾生たちの戒めとして書いたが、ここに洪庵の医師としての姿勢や学問思想が読みとれる。

大阪で種痘事業を進めた洪庵たちは、「この仕事が仁術を旨とし、世のために新しい方法を広めるのであるから、これにより得た謝金は私しない」ことを誓い合った。こうした医術をもって人びとの病苦を救済しようとする思想を人生観とする洪庵に寄せる塾生たちの信頼は絶大であった。つまり、塾生たちを学問に打ち込ませた原動力は、塾の教育システムだけでなく、師洪庵に対する尊敬の念が大きかったといえる。

また、洪庵が指導したのは、適塾で学んでいる塾生だけではなかった。国元へ帰って開業医となった者たちと盛んに手紙のやり取りをしている。その内容は診断についてたずねるものや医療に関する問い合わせの回答、就職の世話、近況報告の返事など多岐にわたり、おびただしい数の手紙をかつての塾生たちに書いてやっている。地域医療に携わる若者たちを、洪庵は往復書簡という形で支えたのである。

そして洪庵は、その手紙の終わりに、「道のため、人のため」に力を尽くすようにという意味のことを書き添えることを忘れなかった。また塾生が帰郷するさい、はなむけとして「事に臨んで賤丈夫ことなるなかれ」(何事かを成し遂げようとするとき、心のいやしい卑劣な男になってはならない)と書いて贈った。こうした師の教えは、地方で医療にあたる塾生の心をいつまでも感奮させずにはおかなかったであろう。

このように洪庵が単なる医者であるだけでなく、医学の究極にあるものに目を向けたところにその偉大さがあり、塾生たちに与えた教育的感化は計り知れなかった。塾生たちも師のそうした思いに応えるように、医学にとどまらず各分野において、近代日本の発展に大きく貢献したのであった。

参考文献

内村鑑三（著）・鈴木範久（訳）『代表的日本人』岩波文庫、一九九五年
下程勇吉『中江藤樹の人間学的研究』広池学園出版部、一九九四年
久保田暁一『中江藤樹』致知出版社、二〇〇六年
池田諭『松下村塾　近代日本を創った教育』広済堂出版、一九七三年
川口雅昭『吉田松陰名語録』致知出版社、二〇〇五年
河合敦『偉人にみる人の育て方』学陽書房、二〇〇五年
梅溪昇『緒方洪庵と適塾』大阪大学出版会、一九九六年
広瀬仁紀『適塾の維新』學藝書林、一九七六年
司馬遼太郎「洪庵のたいまつ」『二十一世紀に生きる君たちへ』司馬遼太郎記念館、二〇〇三年

4 時代を変えた偉人たちの学問

新井白石「四千字の日課」

新井白石は、明暦三年（一六五七）二月十日に江戸で誕生した。久留里《くるり》藩の土屋家に仕えていたが、藩の内紛に巻き込まれて父とともにそこを追放された。牢人となった白石はつらい生活を余儀なくされたが、その数年後には大老の堀田正俊に仕官することができた。ところが、その安定した生活もつかの間、主君の正俊が暗殺されてしまい、そこを去らなければならなくなった。とことん不運つづきの白石であったが、どんな状況下にあっても学問だけは怠らなかった。独学で儒学や歴史を修めると、儒学者の木下順庵に弟子入りして多くの門人たちと学問に打ち込んだ。当時、白石の全財産は三貫文（現在の約三万円）であったが、それを悲観するどころか「これだけあればすぐに飢え死にすることはないだろう」と言って、平然と本を読んで勉強した。

そんな白石に転機が訪れたのが、師順庵の推挙で甲府藩主の侍講として仕官したときである。そしてことのほか学問を好んだ徳川綱豊に、白石は一千二百日以上もの講義をおこなっている。そして綱豊が六代将軍（家宣）になると、「正徳《しょうとく》の治《ち》」とよばれる政治改革に着手するのであった。

家宣の治世は、その死により三年という短期間で終わるが、貨幣品質の整備、対外貿易の制限、朝鮮通信使の待遇変更などの政策を次々と実行していった。とくに、先代の将軍（綱吉）が亡くなってわずか十日ほどで成し遂げた「急務三カ条」（生類憐みの令の中止など）といわれる改革は、儒教を用いて経世済民の思想を実現しようとした白石の強い意志がうかがわれる。

政治の世界を退いたあとも数多くの著述をおこなうなど、学問を生涯の友とした白石だったが、子ども時代の勉学ぶりはどうだったのだろうか。

白石が九歳になった年の秋である。殿様から日課として、「日のあるうち、行書・草書の字三千、夜になって一千字を書いて出すように」と命じられた。つまり、毎日四千字の習字を課せられたのである。

白石少年が、どのようにこの課題に取り組んだのか、本人の著述をそのまま抜き出してみよう。

冬になると、日が短くなって、日課がまだ終わらないうちに日が暮れようとすることがたびたびあり、西向きにあった竹縁の上に机をもちだして書き終わることもあった。また夜になって手習いをしていると、ねむけをもよおして堪えがたいので、私のつけ人とひそかに相談して、水を二桶ずつ竹縁に汲んでおかせ、ひどくねむけをもよおしてくると、着物をぬぎすてて、まず一桶の水をかぶり、また着物を着て手習いをしていると、はじめは寒いので目がさめる気持がするが、しばらくすると、からだが暖まり、またまたねむくなってくる。そこで前と同じように水をかぶる。二度水をかぶっているうちに、日課はだいたい満たすことができた（新井白石（著）・桑原武夫（訳）『折りたく柴の記』二〇〇四年、四〇―四一頁、中央公論新社）。

これを読むと、日課の習字に打ち込む白石の様子が手に取るようにわかるが、それにしてもこれが九歳の少年の勉強であることに驚かされる。現代でいえば小学三年生の子どもが、このような強い精神力をどのようにして身につけたかは非常に興味深い。

これについては、父親の教えに力を得ることが大きかったと思われるので、次に自叙伝のなかの父親についての記述を引用してみたい。

私がもの心ついてから、教訓されたことが多かったなかで、いつも思い出されることは、「男は、ただ忍耐ということだけを習練すべきである。これを習練するためには、なにごとにせよ、自分がいちばん堪えがたいと思うことから忍耐をはじめると、時をへるうちに、そんなに困難だとは思われなくなるはずだ」とおっしゃった（新井、前掲書、三五頁）。

幼少期に父親から与えられた多くの教訓のうち、終生思い出されたのがこの「男児はただ事に堪えふる事を習ふべき也」であったと白石は述懐している。こうした父親の教えが白石の学問を支えていた思われる。その父親との関係を示すエピソードに「一粒の米」という話がある。日々学問に励んでいた白石少年が、一日だけさぼってしまったことがあった。父親は白石に米びつを持ってこさせ、そこから一粒の米粒を取った。そして、「たった一粒だけなら、取ったか取らないのかわからないだろう。でもこれを一年ぐらい毎日一粒ずつ取ると、減ったことがはっきりとわかるはずだ。」と諭した。

この日以来、白石少年は前にも増して学問に励むようになったのである。

西郷隆盛「牢獄の座禅と読書」

慶応四年・明治元年（一八六八）三月の西郷隆盛と勝海舟による江戸城総攻撃をめぐる談判は、日本史劇の名場面のひとつに数えられる。そこで勝は、「余が心中竊《ひそか》に驚く。襟度寛大一点私意を挟まず。嗚呼今日ある実に比人の意匠に出るなり」（小尾帰雄『人格―人物に学ぶ』明治図書出版、一九七六年、五五頁）と西郷の人物像を高く評している。ところが、四年前の元治元年（一八六四）に大阪の勝の宿を訪れた西郷は、勝の見識に心服させられ、国元の大久保利通に宛てて「ひどくほれ申候」と手紙を書いている。

激動の時代を生きた西郷と勝は、それぞれの立場で新しい国づくりに奔走し、同時にそこで自らを練り上げ、器量をみがいた。だが、二人には決定的に違うことがあった。それは、西郷が島流し（奄美大島、徳之島、沖永良部島）を経験していることである。とくに沖永良部島は死刑に次ぐ重罪人を流すところで、ここに行ったら二度と生きて帰れない場所とされていた。

このとき西郷が入った獄舎は、「其時の牢獄は二坪余にして、東西に戸なく南北に壁なく、繞《めぐ》らすに粗大なる格子を以てし、其片隅に厠あり。風雨は吹通し、殆ど人の住む処に非ず」と記録されるほど過酷を極めた。

日中は南国の焼きつくような暑さにさらされ、夜は蚊の襲来で寝ることができない。実際、このとき蚊を媒介して伝染した風土病が西郷を生涯苦しめることになる。また、台風の季節になると波しぶきと暴風雨が獄舎を襲い、海岸の砂が容赦なく飛び込んできた。便所に来るハエは、垢にまみれて臭気を放っている西郷にまとわりついた。まさに人の住むところではなく、幾度も生死の境をさまよった。

西郷はそういう環境にありながら、終日座して書物を読み、人生とか運命とか、人間のありようとかについて深く考えたのである。このとき持ってきた書物は、『伝習録』、『春秋左氏伝』『資治通鑑』、『洗心箚記』、『言志四録』など行李《こうり》三つ分にもなったといわれている。

牢壁には、武蔵国忍《おし》藩士の三宅尚斎《しょうさい》が獄中で詠んだ次の漢詩を大書し、日夕詩吟した。

笑って獄中に坐す鉄石の心
四十余年なにごとかを学ぶ
只《た》だ面前に向かって精神を養う
富貴寿夭《じゅよう》、心を貳《うたが》わず

（神渡良平『西郷隆盛人間学』致知出版社、二〇〇八年、二三〇―二三一頁）

（富貴、長寿、短命、すべては天がはからうところであり、自分は天に任せているので少しも疑わない。自分の務めはただ壁に向かって坐り、己の精神を養うことである。四十余年、自分は何を学んできたのだろうか。笑って獄中に坐し、ただ鉄石の心を練るだけである）

南溟の孤島に閉じ込められた西郷は、胸を突いて出てくる運命を呪う気持ちと対峙しながら書物を読んだ。自分の心に負けそうになると、讒言《ざんげん》にあって野に下っても国への忠義を忘れなかった中国・戦国時代の屈原《くつげん》（前三四三頃―前二七七頃）を自分と重ねた。そして屈原の清節と大志に比して何と自分の悩みの小さいことかと自省するのだった。

こうして艱難辛苦のなかに身をおいた座禅と読書は、西郷をもっとも西郷らしい見事な人物につくり上げたのである。そのときの胸中を察することができるのが、獄中で西郷が書いた次の漢詩である。

獄裡《ごくり》の氷心、苦辛に甘んず
辛酸骨に透って、吾が真《しん》を看る
狂言妄語、誰か知り得ん
仰いで天に愧《は》じず
況《いわ》んやまた人においてをや（神渡、前掲書、六一頁）

（いま私は獄中にあって氷のような清浄な気持ちで辛苦に甘んじて耐えている。すると辛酸が骨にまで染み透り、自分の本当の姿が見えてくる。飾った言葉や嘘偽りの言葉によって人を欺くことはできるかもしれないが、天を欺くことはできない。私は天を仰いで恥ずかしく思うようなことはしない。ましてや人に対して恥ずかしく思うようなことはしない）

西郷の偉大さは徳望にある。それは、たとえば内村鑑三が『代表的日本人』のなかで、「西郷には、純粋の意志力との関係が深く、道徳的な偉大さがある。それは最高の偉大さである」と驚嘆するような人物像である。その内村は、西郷隆盛を「武士のなかの最大の者、そしておそらくはその最後の者は世を去った」と語り、新渡戸稲造は旧制一高の校長時代、学生から「日本でリンカーンに最も似た人物はだれか」と質問されたとき、「それは西郷隆盛だ」と即座に答えたといわれている。

勝海舟は晩年、「西郷と面会したら、その意見や議論は、むしろおれの方が優るほどだったけれど、いわゆる天下の大事を負担する者は、果たして西郷ではあるまいかと、またひそかに恐れたよ」と語っては、西郷の度量の大きさを懐かしんだ。

吉田松陰「獄中の勉強会」

安政二年（一八五五）正月、吉田松陰が兄にあてた手紙には、「正月早々から多忙多忙、外史も読まねばならず、詩も作りたし、信玄全集も借りたし、遺言も覆読しかけた。入蜀記一読甚だ面白し、今一度と思い候。中庸も初めの方二、三枚読みかけあり、大学は一読、詩も吟詠したし。さて夫れに又どうも唐土の歴史が読みたい」（佐藤薫『吉田松陰』第一法規、一九七二年、一五〇頁）とあり、まったく獄中にいる人間とは思えない、嬉々とした生活の様子がうかがわれる。

国禁である密航を企て野山獄に投ぜられた松陰は、身の自由を奪われたことで読書や著述に専念できることを心底よろこんだ。実際、約一年間の投獄中に兄に取り寄せてもらって読んだ本の数は、じつに五百九十八冊におよんだ。読書範囲は、儒学、中国史、日本史、兵学、国家論、地理、紀行、詩文、医学など広範囲にわたっている。

松陰が投ぜられた野山獄は士分の者の獄で、各室三畳の十二の独房からなっていた。ここに投獄された者の多くは刑期が定まっていない、いわば無期懲役のような扱いになっていて、絶望感から自暴自棄になり、人間信頼の感情を失っていた。松陰はこのような人たちのなかに、最年少の囚人として仲間入りさせられたのである。

最初のうちは、松陰の読書に専念する姿に不快感をもった囚人たちであったが、いつしか松陰を見る眼が変わっていた。先輩の囚人たちに後輩として礼儀を守り、誠実、真摯な態度で接するかと思えば、自己に対してはきびしく内省し、さらに十八回の猛を実行しようと魂の教化に精進する松陰の人間的魅力に、囚人たちは次第に引き込まれていった。

半年ほどたったころ、「松陰にものを聴く会」を開こうという声が囚人の間から出るようになった。そして、話を聴いた囚人たちは、松陰の学問の深さや見識の高さに驚いた。また、座談会の回を重ねるごとに、もっと体系的に学びたいという気持ちをもつようになったのである。

そのあとは、『孟子』の講義や輪読会、『日本外史』の対談、『論語』の講義などが何度も開催されるとともに、それと並行して俳諧の会や書道の会がしばしば開かれた。それぞれが得意な分野で師となり、教えたり、教えられたりという関係の勉強会であった。松陰自身、囚人たちの特技を見つけては、彼らを師と仰いで詩文や書を熱心に学んだ。

かくて安政二年の七月ころには、殺風景な牢獄は格調高き精神交流を基盤とする学校に変わったのである。

あるとき、学問の大切さを説く松陰に、囚人のひとりが、

「再び世に出ることのない私たちが、学問をしていったい何の役に立つのでしょうか」

と質問した。

これに対して松陰は、

「学問の真の目的は、名利を得るためにではなく、道を知るためにある」

と答え、生涯天日を拝すことのない身におかれた野山獄での学問こそが、真の学問の場であることを強調するのであった。

こうした松陰の高貴な精神と精進努力の姿は、司獄（刑務所長）の福川犀之助やその弟の高橋藤之進、そして獄卒たちをも魅了した。考えられないことだが、囚人たちを監視する立場にある福川たちは松陰の弟子になり、独房の前の廊下に正座して講義を聴いたのである。

囚人たちだけでなく、司獄や獄卒の向学心に火をつけたのは、二十五歳の若者がおこした奇跡としか言いようがない。

橋本左内「十五歳の決意」

橋本左内の印象を西郷隆盛は、「我、先輩においては藤田東湖に服し、同輩においては橋本左内に服す」（白崎昭一郎『橋本左内』毎日新聞社、一九八八年、一七一頁）と語っている。事実、明治十（一八七七）年の西南戦争で、死の直前まで大事に持っていた手文庫に年少の友である左内の手紙を入れていた。二十年も前に亡くなった人間の手紙を、西郷は肌身離さず携帯していたことになる。

西郷をここまで敬慕させた左内は、どのような学問をしたのだろうか。

左内は天保五年（一八三四）、福井藩の藩医の跡取りとして生まれた。幼い頃から学問を好み、十歳で『三国志』を通読したと伝えられている。十五歳で儒学者の吉田東篁に師事して学問に励むが、この時期に決意表明と言うべき『啓発録』を書いて生涯の生き方を定めた。

そのなかで自分を律する行動規範を、「去稚心」「振気」「立志」「勉学」「択交友」の五項目にまとめて解説している。ここでは、それぞれの項目の学問について述べている部分を取り上げ、それをもとに左内の学びを垣間見ることにする。

○稚心を去る（去稚心）

稚心とは、子どもじみた心のことである。幼い子どものうちは強いて責めるほどのこともないが、十三、四歳に成長し自ら学問を志す年齢になって、この心がほんの少しでも残っていたら、何をしても決して上達せず、将来天下第一等の大人物になることはできない。

○気を振う（振気）

気とは、人に負けまいと思う心、すなわち負けじ魂と、恥辱を知ってそれを悔しく思う気持ちのことである。それを振うというのは、常にそうした心をもって、その精神を奮い起こし、絶えず緊張をゆるめず油断のないように努力することである。

○志を立つ（立志）

志を立てる近道は、聖賢の教えや歴史の書物を読んで、そこから深く心に感じた部分を書き抜いて壁に貼りつけておくとか、常用の扇などに認めておくとかし、いつもそれをながめて自己を省みて、自分の足らぬところを努力し、そして自分の前進するのを楽しみとすることである。

○学に勉む（勉学）

学とは習うということで、すぐれた人物の立派な行いを習い、自らもそれを実行していくことをいう。したがって、先人の忠義や孝行の立派な行いを習っては、ただちにそれを慕い真似し、自分もそうした人びとの忠義孝行に、決して負け劣るものかと努力することが、学ということの第一の意義である。

○交友を択ぶ（択交友）

友人と交際するのに、飲み食いや歓楽を共にするために付き合ったり、行楽や魚釣りなどで馴れ合うことはよろしくない。学問の講究、武芸の稽古、武士たる者がもつべき志や精神の研究などのうえで、交わりを深めるべきである。

『啓発録』を書いた翌年、十六歳になった左内は、全国から英才が集まる適塾に入門した。遊学の動機については、「身僻郷《へききょう》に学ぶ、未だ井蛙《せいあ》の見たるを免れず、大都《たいと》の名家に就いて知識を朗発《ろうはつ》するに若《し》かず」とあるが、父の意志も加わっていたらしい。

こうして左内は、約二年四ヶ月の間、蘭学の研究に没頭した。二十歳に満たない青年であったが、適塾の教科書として用いられた『扶氏経験遺訓』『病理通論』『ローセ氏人身究理書』などの原書訳書の誤りを訂正できるまでに上達し、ついには師の洪庵に「彼は他日わが塾名挙げん、池中の蛟竜《こうりゅう》である」と称えられた。

あるとき、塾生の間で左内が夜遊びをしているという噂が広がった。これを聞いた洪庵が塾生に後をつけさせると、橋下にいる乞食たちの所へ行き、病気になった者を診察していたのである。左内に向けられた夜遊びの疑いが晴れただけでなく、洪庵の信条である『扶氏医戒之略』の「病者に対しては唯病者を視るべし。貴賤貧富を顧みる勿《なか》れ」を実践していたことが塾内に知れわたった。

帰郷後、藩主の松平春嶽のもとで徳川慶喜を次の将軍に擁立するため各地を飛び回ったが、世に言う「安政の大獄」にわずか二十六歳の生涯を閉じたのである。
刑死する直前に『啓発録』に目を通した左内は、「一字の訂正も必要なし」と記したと伝えられている。

二宮尊徳「逆境を跳ね返した勉学」

二宮尊徳の言葉を書きとめた『二宮翁夜話』の巻の五に、「聖人大欲の事」という話がある。尊徳の学問観をよく表しているので、まずはこれを引用してみよう。

翁はこう言われた。世の人はみな聖人は無欲だと思っているがそうではない。実際は大欲で、その大は正大である。賢人はこれに次ぎ、君子はこれに次ぐ。凡夫のごときは小欲のもっとも小さなものである。学問はこの小欲を正大に導く術のことをいう。大欲とは何かといえば、万民の衣食住を充足させ、人身に大きな幸福を集めることを願うのだ。(二宮尊徳(話)・児玉幸多(訳)『二宮翁夜話』中央公論新社、二〇一二年、一九八頁)

相模国栢山《かやま》村(神奈川県小田原市)の農家に生まれた尊徳(金次郎)は、十四歳で父親を亡くし、その二年後には母親が他界してしまった。両親を亡くし、田畑を失い、兄弟が離ればなれに暮らすことになった尊徳の目標は、ただひとつ一家を再興し再び兄弟が共に暮らすことであった。わずか数年にしてその目標を達成するが、その間に学び、自得したものこそが、彼の人生観の基礎をつくったのである。

伯父の家に身を寄せた金次郎は、一日の農作業を終えたあと、みんなが寝静まると本を読んで勉強していた。ところが、それを知った伯父から、行灯の油がもったいないと叱られてしまった。古典の『大学』を学んでいた金次郎は、立派な人間になるためには身分に関係なく勉学は必要だと考えていたが、言われるように油は自分のものではなく、伯父が怒るのはもっともだと思った。そして、自分の油を手に入れるまで、本を読むことをやめてしまったのである。

その次の春、知人に一握りの菜種を借りると、川のほとりの廃地にそれをまいた。翌年、これが八升もの収穫になったので、金次郎は知人に借りた分を返すと、残りを近くの油屋に持って行って油と交換したのである。ようやく自分の油を手に入れた金次郎は、これを使って行灯を灯し、夜中の読書を再開した。しかしまたもや伯父に止められてしまったのである。伯父が言うには、養われている者に自分の自由な時間などなく、まして本を読むというような農民には必要ないことをする余裕などないというものであった。これを聞いた金次郎は、今回も伯父が怒るのは筋が通っていると考え、読書をやめて筵《むしろ》や草鞋《わらじ》を編むことに精を出した。

では、勉強はあきらめてしまったのか。そんなことで挫けない金次郎は、薪や柴とりに行った道々で本を読むことにしたのである。薪を背負い、大声で音読しながら歩く姿を村の者は笑ったが、金次郎はいま読んでいる『大学』の「天子自《よ》り以《もっ》て庶人《しょじん》に至るまで壹是《いっし》に皆身を脩むるを以て本《もと》と為す」の言葉を心の支えにして学びつづけた。

尊徳は二十歳で一家の再興を果たし、そのあと三十六歳から七十歳まで藩や村の救済復興のために尽くした。まさに少年時代に繰り返し読んだ『大学』の一節、「一家仁なれば、一国仁に興《おこ》り、一家譲《じょう》なれば、一国譲に興り、一人貪戻《たんれい》なれば、一国乱を作《な》す」を基本的な心組みとしたのである。その生涯に手がけた農村は六百余カ村におよび、多くの農民たちを救い、藩の財政再建に貢献したのである。尊徳は人の幸と不幸は、一粒の種をまき、土を耕すことからはじまると農民に教えた。小事を努力して積み上げれば大きな成果となるという「積小為大」の考え方は、少年時代の苦難のなかで学んだ教訓であった。

晩年、尊徳のもとに多くの門下生が集まってきた。あるとき、尊徳は入門してきた武士に「豆」の字を書かせ、書いた豆と本当の豆を比べて、どちらを馬が食うかを問うたということである。この逸話から、彼の学問が机上の理論ではなく、具体的な事実を真実として重視したことがよくわかる。また、天は決して汗水流して働く者を見捨てることはないとかたく信じ、朝は四時に起き、「一汁一菜」と「木綿着物」で生涯を通した。

薪を背負って読書する少年金次郎像は、正しい心で努力すれば必ず立派な人間になれるということを、無言のうちに私たちに教えてくれる。

終戦直後、我が国に進駐してきたアメリカ軍が、学校に旧日本軍の武器がかくされていると聞き、全国の学校を捜査した。彼らが驚いたのは手投弾が出てきたというようなことではなく、どの学校にも薪を背負って本を読む少年の銅像が立っていたことだった。

参考文献

大村はま『心のパン屋さん』筑摩書房、一九九九年
疋田啓佑『儒者』致知出版社、二〇一三
藤沢周平『市塵』(上)(下)講談社文庫、二〇〇五年
勝田孫彌『西郷隆盛傳』(明治二七年発行所版の覆刻版)至言社、一九七六年
頭山満(講話)・雑賀鹿野(編)『西郷南州遺訓講話』至言社、一九九〇年
勝海舟／江藤淳・松浦玲(編)『氷川清話』講談社学術文庫、二〇〇〇年
山岡鉄舟(口述)・勝海舟(評論)・勝部真長(編)『武士道』角川選書、一九七一年
司馬遼太郎・奈良本辰也他『西郷隆盛を語る』大和書房、一九八六年
神渡良平『いかに人物たり得るか』三笠書房、一九九三年
松浦玲『勝海舟と西郷隆盛』岩波新書、二〇一一年
池田諭『松下村塾　近代日本を創った教育』広済堂出版、一九七三年
橋本左内(著)、伴五十嗣郎(全訳注)『啓発録』講談社学術文庫、一九八二年
山口宗之『橋本左内』吉川弘文館、一九八五年
木宮高彦『橋本左内』講談社、一九九五年

第Ⅱ部

人物をつくる道徳授業

1　運命的な出会いをつくる伝記資料

志を立つ道徳資料の要件

中江藤樹は十一歳のときに『大学』の一節に触発されて生涯の生き方を定め、橋本左内は十五歳で『啓発録』を書いて稚心（幼心）との決別を誓った。青少年時代に未来に夢や理想を抱き、その実現に向けて進む決意をすることは、人生を左右するほどの一大事となる。

ところでこの意にいたるとき、抽象的なものを通じてよりも、具体的な人物をモデルとするほうが子どもにはわかりやすい。たとえば、「刻苦勉励」と言ってもなかなかイメージできにくいが、新井白石や吉田松陰の勉強ぶりを知ることによって、子どもたちは直覚的な方法でそこから多くの意味を学ぶのである。

何はともあれ、生きるということが理屈ではないことを裏がきするのが人の生きる姿である。そもそも徳目や価値が、人間よりも先に存在したわけではないし、突然どこからか現れたものでもない。人の生き方や行為を美しいと感じた人びとの感情が集積し、醇化して生まれたものを、私たちは「誠実」や「勤勉」という言葉で呼んでいるだけである。それらは、それぞれの時代の社会的・政治的な要請を反映して用いられたとしても、その根源はやはり人の心が生みだした美しい行為の結晶であることは間違いない。

つまり道徳で何を学ぶかという問題は、万人に共通する善さを抽象した概念を理解するのでなく、それを生みだす人間（私）がどう生きるかを問うことである。そのような視点から道徳授業を構想すると、資料に登場する人物と内的な対話を交わすなかで、そこに脈動する道徳的価値を取り入れるという心的過程に目を向けるべきであり、そのためにはこうした人間の生きる姿が具体的に示されることが必要になる。

ところが、伝記資料のなかには、無味乾燥なあらまし書きの人物史や、教訓的な要素をことさら強調させている作品がけっこう多くあり、そのような資料を使って人物の魅力を子どもに伝えることはなかなか難しい。これについて天野貞祐（一八八四―一九八〇）は、「時代を隔てた偉人の模範や徳目の解明やを学ぶのは言わば水に入らずして水泳の型を習うのに等しい。（中略）精神が無くして型だけを知ることはカントのいわゆる適法性に堕して道徳性を失ってしまう恐れがある」[1]と警告している。この天野の指摘は、昭和十二年（一九三七）の著書『道理の感覚』に述べられたもので、いわゆる修身教育のあり方に対する批判であるが、現在の授業にそのままあてはめても違和感はない。

子どもの心を揺さぶり、自分や他者との対話をいざない、自分づくりの要《かなめ》としての意識をもたせる授業には、子どもが自分の未来に志を立てる契機となる「魅力ある個人」をもっと前面に出した資料をつくる必要がある。

以前に、伝記資料「ヘレン・ケラーを発奮させた日本人」を、五年生の授業に用いたときのことである（資料は第Ⅱ部3の授業例を参照）。

子どもたちは江戸時代の大学者、塙保己一の生き方を感動的に受けとめたが、関心の多くは主人公が盲目という困難に負けずひたむきに学問に励む姿であった。したがって、授業の途中で私が予感したように、中心場面での「保己一の心に生まれたひとつの決意とは何だろう」の発問において、子どもたちの意識を本時のねらいである「気高い生き方」に向けることはできなかった。

ところがその授業の四ヶ月後、校長が「人間は何のために勉強するのか」を全校児童に問いかけたところ、五年生のなかに「塙保己一のように、世のために勉強したい」と答えた子どもが何人もいたのである。失敗したと思っていた授業の主題が、はからずも子どもたちの口から、それも四ヶ月も過ぎて語られたことに私は驚かされた。

この事実は、道徳的価値の大切さを子ども自らが納得し、その子にとって意味あるものになるには、棟方志功(一九〇三—一九七五)が「わだばゴッホになる」を言ったような登場人物との感動的な出会い(2)と、そこで学んだものを醸成する時間が必要であることを暗示している。それを可能にするのが、人間のもっとも深い部分に訴える力をもつ伝記資料である。

これについて唐沢は、「小説が結局〈作られたもの〉であるのに対し、正しく書かれた伝記は、事実の重味を持ち、正しく書かれた自叙伝は、それに加えて〈体験〉の重味を持って読者に迫るのである」(3)と述べ、洋の東西を問わず伝記が古くから教育に利用されてきたことを取りあげている。

人間のあり方を正面から考える教育は、子どもたちが偉人の言葉を自らの言葉として所用するとともに、それを思考と活動に生かすようにはたらきかけてくる。と同時に、人生の重大な岐路に立たされたとき、あるいは、困難に直面したり、難しい決断を下したりする場面で、おのずと伝記を通して出会った人物のふるまいや言葉がリアリティをもってよみがえってきて、それがあるべき方向に導いてくれるはずである。

前述したように、人間の脳には、他人の振る舞いを模倣しようとするミラーニューロンとよばれる神経細胞があって、それが自己に対する内観のベクトルを強力にはたらかせるとともに、道徳的諸価値がひとりひとりの内面において統合されるのをうながすのである。子どもの心に偉人たちの名を残す伝記資料のもち味は、いわばこの点に集約されるといってよい。

魅力ある人物を描く資料開発の方法

人間は人間に対して多くの興味をもつ。それは子どもも同様で、日々の生活のなかで、彼らが「すごい人」に関心を寄せることはよく知られているし、「善い行いをした人」や「苦労した人」の話を聞くことも好きである。漠然とではあっても、どの子も自分が「どんな人間になるか」「どう生きるか」を教えてくれる人生のモデルを探し求めているのは確かである。

ところが、既成の副読本を眺めると、生活を題材にしたものや創作ものに比べて伝記の扱いがあまりにも少なく、その意味では子どもたちの心の求めに応えていないと言わざるをえない。もちろん、物語や民話などを題材にした資料にはそれぞれの特徴があり、文学的表現の美しさや巧みさが、子どもの道徳的心情に訴えることも少なくない。がしかし、生きることの意味を深く考えようとする小学校高学年から中学校の段階の子どもにとって、掛け値なしの人間の生きざまが深い自己内対話へといざなうのであり、その意味では伝記資料の効果にもっと目を向けるべきである。

ただし、ひとくちに伝記資料といっても様々である。人物の人となりや行動のあらすじは理解できても、そこから「どう生きるか」や「何をなすべきか」に答えてくれる資料にはなかなか出会うことができないのが現実である。ここからはそうした問題意識をもとに、資料開発の過程にこだわってその対処を考えてみたい。

戦前の修身科が人物を取りあげる場合、たとえば「勤勉」という徳目がまずあって、それに適した人物として二宮金次郎を選んだのであって、金次郎という人間性に目を向けることはほとんどなかった。したがって、敗戦によって教育を規制していた国家目的が否定されると、金次郎は軍国主義・出世主義の弊風のあらわれとして批判されてしまったのである。

ところが現代の道徳教育においても、明らかにこれと似たような誤りを犯しているともいえるのである。

伝記資料の開発では、授業に扱う「誠実」とか「個性伸長」などの道徳的価値を前もって決め、そのあとにその内容に相応しい人物を当てるという方法がよく取られる。この場合、作者にはあらかじめ授業の構想ができていて、それを実現するための教材づくりがおこなわれることになる。もとよりこのような手順でつくられた資料は、内容が焦点化されているので子どもにはわかりやすく、教師にとっては扱いやすい作品ができあがる。しかし、授業をする側の都合のよい局所だけを取り出し、人物像を細かく分断してしまうことで、肝心の人間的魅力が削がれるという伝記資料にとってきわめて深刻な問題が生じてくることは免れない。

このことについて、文芸評論家の小林秀雄（一九〇二―一九八三）は、「花の姿の美しさを感ずる時には、私達は何時も花全体を一と目で感ずる」[4]と述べ、一輪の花の美しさをよく感じるためには、花を分断して花弁の数を数えたり、おしべやめしべの構造を調べたりするのではなく、花全体を見ることの大切さを指摘する。そうであるなら、人間の美しさや立派さを感じ取るには、なおのことこの指摘を意識しなければならない。つまり人間の魅力は、人のおよばぬ長所にだけでなく、短所や欠点をも含んだ「丸ごとの人間」に表出するのである。

要するに、伝記資料はそれによって子どもの心に深い感動と発奮が生じるところに教育的意義があり、資料開発にあたってこの点にもっとも関心が払われるべきであろう。

当然のことながら、そうした資料づくりには主題形成が重要な意味をもつことになる。

資料づくりにあたって、まずある人物に対する何らかの興味をもったとする。それが端緒となって取材や資料収集を開始し、対象人物の全体像を具体的に探っていくことになる。ただし、資料に登場する主人公の足跡は素材にすぎず、それを年代順に羅列しても、その人物の生い立ちや業績をひととおり説明しただけである。

であるのにもかかわらず、私たちの資料づくりの作業はこの段階で完了してしまうことがよくある。たしかに、資料の役割を道徳的価値を把握することだけに限定するのであればそれでもよいが、登場する人物のひたむきに生きる姿を活写しようと思えば、さらにもう一歩踏み込む必要がある。いわばそれは、文献資料や取材から得られた情報を整理する段階から、作者自身の自己表現に組み替えるプロセスとして非常に意味のある方法となる。

そのためには、とにかく文献を丹念に読み込んだり、現地を訪れて取材を重ねたりしながら、その人物の内面に作者自身の視点が転ずるのをまたなければならない。つまり対象人物の心の内にあってその人の支えとなった軸のようなもの、あるいは、一個の不完全な人間が、自己の人間形成をいかなる過程を通してなし得たかということが作者の究明課題になったとき、そこにおのずと主題が浮かび上がってくるのである。

そう考えると、ある人物に関心をもってその生涯を調べる場合、授業に扱う道徳的価値ではなくて、「この人間の生涯を貫いたものは何であったのか」という人物の内面にせまる文献資料の読みを、つねに意識することがポイントになる。

かつて司馬遼太郎は、作品づくりについて「資料を読んで読み尽くして、その後に一滴、二滴出る透明な滴を書く」(5)と回想している。実際、『竜馬がゆく』を執筆するために集めた文献や資料は三千冊といわれている。また、『坂の上の雲』を書き出すときは、神田の古書街から日露戦争関係はもとより、日露の兵器・軍艦・満州の地理関係書などの本が残らず消えたという伝説が残っている(6)。この話のどこまでが事実なのかはわからないが、「透明な一滴」を得るために膨大な時間を文献の調査と取材に費やしながら、主人公ととことんまで付き合おうとした作家の姿勢は、私たちの資料づくりに大きな示唆を与えてくれる。誤解を恐れずに言えば、独自の主題が引き出せるのは、対象人物にどうかかわるかという作者の姿勢によっていて、その意味では、主題は資料の作成過程とかかわりあいながら形成されるべきものである。

そしてこの段階が終わると、次は主題をどう描くかという文章作成に視点が移ることになる。

文章づくりでは、主題を引き立てる題材をある筋立てにそって配置し、人間ドラマを展開していく。そうして一定の形ができあがったら、次は描写や表現形態の技術を用いて道徳資料としての体裁を整えることになる。

やや立ち入った説明をすれば、登場人物の思いや決意を考えさせる場面で、説明をあえて省いて読み手に想像をゆだねたり、「そっと」や「じっと」などの副詞を書き加えて登場人物の内面に浸る問いを作ったりすることができる。もとより前述した道徳資料「ヘレン・ケラーを発奮させた日本人」のように、「庭の松の葉に朝日があたったのか、光のにおいがします」や、「保己一は全身を耳にして、じっと聞き入りました」など、主題にせまるための描写をくふうすることも必要になってくる。

また、読み手を物語に引き込むのが会話文である。会話文には文章の読みやすさや臨場感を生む効果と、説明の平板さを補う機能がある。ただし、会話文の量が少なくて作品が解説のようになったり、逆に多すぎて全体がなんとなくぼやけたりすることがあるので十分な注意が必要になる。この点については一様に線引きすることができないので、具体的なことは実際に資料づくりを重ねながら呼吸をつかんでいくしかない。

このように考えると、文章作成の技術が作品のできばえを左右するようだが、伝記資料の開発にあたってもっとも大切なことは、人間のまことの姿を見抜く作者の洞察力である。ともすると、私たちは偉人たちのかがやかしい成功ばかりに目を奪われるが、子どもたちの心を惹きつけるのは彼らの無名時代の孤独や不安であり、信念を貫く覚悟を決めた瞬間であることを知らなければならない。たとえば、南方熊楠が研究した粘菌について理解できなくても、苦学をつづけ学を成した博物学者ゲスネルを目標に、「われ、日本のゲスネルたらん」と自らを奮い立たせた熊楠の苦悩のプロセス(7)には、子どもたちは共感できるのである。

岡倉天心は、「我々が感動するのは、技より精神、技術よりも人そのものなのです」(8)と語るが、そうした人間の運命を孕んだ時間を、オーストリアの文学者シュテファン・ツヴァイクは「星の時間」(Sternstunde)とよんだ(9)。まさに今ここに息づく自分の問題として、子ども自身が「星の時間」を追体験できる伝記資料の開発が求められる。

註

(1) 天野貞祐「道理の感覚」『天野貞祐全集　第一巻』栗田出版会、一九七一年、一六一頁。

(2) 棟方の「わだばゴッホになる」の言葉には、いくつかのエピソードがあるが、文芸雑誌『白樺』に掲載されたゴッホの「ひまわり」に強い衝撃を受けたといわれている。後年、棟方は、パリ郊外の麦畑の真ん中にあるゴッホの墓を詣でている。

(3) 唐澤富太郎『道徳教育原論』協同出版、一九七八年、一九〇頁。

(4) 小林秀雄「美を求める心」『小林秀雄全作品』新潮社、二〇〇四年、二五一―二五三頁。

(5) 半藤一利『清張さんと司馬さん』NHK出版、二〇〇二年、一一二頁。

(6) 同右、一〇九頁。

(7) このころ南方家からの送金が杜絶し、アメリカでの学究生活は悲惨をきわめていた。

（8）岡倉天心（著）、立木智子（訳）『茶の本』淡交社、一九九四年、一〇二頁。
（9）S・ツヴァイク（著）、片山敏彦（訳）『人類の星の時間』みすず書房、一九九六年、序文参照。

2 人物教材を扱った授業づくり

伝記資料を生かす授業の構想

偉人の生き方に触発された子どもは、自身の観察眼から得られた人物像を教師や友だちに語ることに強い意欲を示す。そうした思いを無視して、ただ時系列に登場人物の気持ちを問う授業を展開しても、子どもたちを自己内対話に導くどころか、かえって授業から遠ざけてしまうことになる。伝記資料から子どもが学びたいのは、どうなるかわからない未来に向かって生きた人間たちの「星の時間」を、自分が同時進行形に生きているかのように追体験することである。

そうした子どもたちの心の求めに応える授業を構想するために、次のような指導過程を考えてみた。

	学習活動
事前	○次の授業に登場する人物を知る。 ○人物の人となりや事跡を調べる。
道徳の時間	①各自が把握した「人物像」を発表する。 ②人物の生き方を貫いた信念について意見を交わす。 ③資料中の人物の生き様を追体験し、自分自身との対話を深める。 ④人物の「その後どうなったか」や「後世の人びとに与えた影響」について、教師から話を聞く。
事後	○教室に掲示された人物の顔写真や言葉にふれる。 ○対象人物の全伝を読む。

事前学習では、授業で扱う人物の略歴やエピソードを紹介したプリントと、調べたことを書くワークシートを準備しておくと、人物に対する子どもたちの関心を高めることができるし、どの子にもある程度のレベルを担保して授業に臨ませることが可能になる。

道徳授業では、事前の調べ学習で子どもが把握した観察眼を効果的に用いるとともに、その人物が生涯を通して貫いたものを、本時のねらいと照応させて資料を読むことがポイントとなる。その際、「本当にやり抜けると思っていたのだろうか」とか、「心のどこかに有名になりたいという気持ちはなかったのだろうか」など、子どもたちが把握した人物像に揺さぶりをかける補助発問を用意しておくと、自らの課題意識を追求していく形で自分への問いかけをより深めていくことができる。

また、資料のなかの世界に入り込むほど、対象人物に対する子どもたちの関心や興味も「その後どうなったか」という点におよぶことになる。その後が知りたいということは、いわばその人物を自分のなかにもっと取り込みたいという心の求めである。そう考えると、主人公の「残した言葉」や「後世の人びとに与えた影響」を番組のエンディングで紹介するテレビ制作の手法を道徳授業に取り入れるのも効果的である。

事後指導では、扱った人物の顔写真を教室に掲示したり、全伝にふれさせたりすることで、生き方の学びを子どもの心に印象深く残すようにはたらきかけたい。また、学校生活のなかで困ったことや判断に迷うようなことがあったときに、「西郷隆盛だったらどう行動するだろう」とか「勝海舟だったらどう答えるだろう」などと、道徳授業で扱った人物をその場に再登場させ、解決の糸口を子ども自身に考えさせるのもひとつの方法である。

昭和三十三年の道徳の時間の特設から今日まで、道徳的価値の自覚を深めるための授業展開が様々に研究されてきた。たとえば、勝部真長は基本過程を「導入→展開→整理」とし、知的理解の深まりを心情の深まりに転移させることで道徳的判断力と道徳的心情の両方の育成を考えた。平野武夫の基本型は「導入→展開→終結」としていて、自己の経験の内省と他者理解を目指している点に特色が見られる。大平勝馬は基本過程を「事前調査→導入→展開→終末→事後指導」とおさえ、「子どもが自分で考え、自ら納得できる解決に到達させること」に重点をおいている(1)。

これら三つの指導過程を並べてみると、用語に多少の相違はあるとしても考え方の大筋は「導入→展開→終末」とする点で類似していて、ねらいとする一定の道徳的価値を追求し、自己とのかかわりでとらえられるようにすることを目標にしている。

これに対して、本書で提案する指導過程は、複数の道徳的価値を含む個別具体的な人間の全体像からねらいに迫ろうとするものであり、これを通して人が実際に動き始めるためのベースとなる「人としてかくありたい」と念願する姿を覚醒しようとしている。平たく言えば、前述の源左や塙保己一の資料を手がかりにして、「やさしい人とはこんな人のことなんだ」とか、「人のために生きるとはこういうことなんだ」と子どもが心底から実感することである。ここで重要なのは、授業でねらいとする道徳的諸価値を子どもが自分のなかに取り込むために、「人物になる」ことへの憧れや意志を指導過程に内在させるという、いわば分析的で抽象的な授業から、全人格性を意識した授業への転換である。

伝記資料を扱う指導過程のポイントをいくつか述べてきたが、いずれの場合もこうでなければならないという決めつけは禁物である。ここで確信をもって言えるのは、技法や技術だけに頼っても道徳授業の実効性はあがらないということである。子どもの視点に立ちつつも真実に迫る確かな人間観をもつことが、道徳の授業づくりに携わる教師には求められるのである。繰り返すまでもなく、人物の内面にあって、その人の支えになってきた軸のようなものや考え方に着目できる目を養うことは、伝記資料を用いる場合の重要な要素となる。

人物を扱う授業の難しさと克服方法

これまで考察してきた手順を追うと、子どもを発奮させる道徳授業をつくることができるはずである。実際、「ヘレン・ケラーを発奮させた日本人」を使い、五年生の二つのクラスで実験的に授業を試みたことがある。一方のクラスでは、従来型の指導過程で授業を展開し、もう一方のクラスでは本書で提案している指導過程を用いることにした。

その結果、前者のクラスの子どもたちは、資料の内容を追うのが精一杯で、道徳的価値についての平板な話合いに終わってしまった。それに対して、後者のクラスの子どもたちは、授業のはじめは「勉強熱心な人」「くじけない人」「やりぬく人」など、主人公についてそれぞれがもった人物像を披瀝していたが、授業の後半になると、「人のために生涯をつくしたのですごいと思った」や「自分も人のために何かできる人間になりたい」など、登場人物の生き方をもとに自分と向き合ったことがわかる感想を述べている。登場人物の人間的な魅力と、それに触発された授業のなかの対話が子どもたちの善さを求める心を刺激し、そこに脈動する道徳的価値を目覚めさせたといってよい。

ところで、こうした道徳授業を成立させるには、授業を支えるいくつかの条件を満たさなければならない。そこで次に、伝記資料を用いる授業の課題とその対策について考えてみたい。

一つ目の課題は、子どもの心の内に人物を受け入れる習性を養う方法である。実際、ある人物の話を聞いてそれを自分の成長に役立てることのできる子どもがいれば、その話が頭のなかを素通りしてしまう子どももがいるのも事実である。小説家の大佛次郎（一八九七―一九七三）は『石の言葉』のなかで、「虫の音、小鳥の歌が美しいのも、人間の方に聞く心の支度があるからである」(2)と述べているが、子どもの心の内に人物の生き方に感動したり、そこから学んだりする「心の支度」ができていないと、伝記資料を扱って授業をしても、どこか他人事で、高みの見物をするような学習になってしまう。

そうした問題を解決するために、次に紹介する「古典の素読」「俳句づくり」「人物の話」を実践してみた。

まず最初の「古典の素読」は、貝原益軒が著書『和俗童子訓』のなかで「書をよみ、学問する法、年わかく記憶つよき時、四書五経をつねに熟読し、遍数をいか程も多くかさねて、記誦すべし」(3)と述べているように、経書を声に出して読み、その全文を暗誦する我が国の伝統的な学びである。方法としては、日直が朝の会で自分の好きな論語の一節を小黒板に書いて提示する。ほかの子どもはそれを自分の論語帳に視写し、そのあと全員で素読するのである。毎日わずか三分ほどの実践であるが、子どもたちは孔子の言葉を丸ごと自分のうちに取り込んでいる。日常の言葉とは異なる次元にある論語のリズムを心地よく感じ、また、その言葉に込められた深い意味を学び取るのである。

次の「俳句づくり」は、月一回の作句を中心に取り組んだ（第Ⅲ部第五話参照）。帰りの会でその月の季語を確認し、休日に家族で俳句づくりをするのである。ときにはクラスで近くの公園へ出かけて俳句をつくったり、子ども句会を開いたりもした。わずか十七文字で構成される俳句は、日常感覚で作句や鑑賞ができるし、「五・七・五」とリズミカルで馴染みやすい。俳句に親しむことで、日常の様々なことがらに対して意識を向け、素直な心持ちと感受性を養うことができる。

また「人物の話」では、月曜日の朝読書の時間を使って、偉人や憧れの人にまつわるエピソードを子どもたちに語ってきた。とくにイチロー選手の野球哲学や、本田宗一郎の技術者としてのチャレンジ精神と開発の苦労話は好評で、子どもたちからのリクエストもあって何度も同じ人物を取り上げた。はじめはぼんやりと聞いていた子どももいたが、回数を重ねるたびにだんだん前のめりになっていく様子が見られた。

もちろん、ここで紹介した三つの実践はあくまでも私が指導できるものであり、人によっていろいろ考えられてよい。要は理論や説明では届かない精神世界への回路を開くことで、人間の生きる姿を受け入れる「心の容れもの」をつくるということを前提とした方法のひとつとしてとらえていただきたい。

二つ目の課題となるのは、資料づくりの労力をどれだけおさえるかということである。これまで述べてきた手順で資料開発をしようと思えば、気が遠くなるほどの時間と労力がかかることは避けられない。研究大会や研究授業で扱う場合は別としても、日常の授業には現実的な方法とはいえない。となると考えられるのは、既成の文章資料をそのまま用いるという方法である。それによって余裕のできた時間を、前述したように授業者が登場人物の人となりに目を向け、それをもとに「主題」を構成することに集中してはどうだろう。

具体的な方法として、対象人物が残した手紙を読むことを私はお奨めしたい。手紙には、その人物の人間性をにおわせる記述が多く見られるからである。たとえば、坂本龍馬が姉の乙女に送った手紙の、「今にては日本第一の人物勝麟太郎殿という人にでしになり、日々兼而思付所をせいといたしおり申候」(文久三年三月二十日)や、「すこしエヘンにかおしてひそかにおり申候」(文久三年五月十七日)などを読むと、姉に対する龍馬の飾らない気持ちがダイレクトに伝わってくる。

このように、手紙は第三者に読まれることを意識せず、自分の思いや感情を伝えるので、そこに自ずと素顔がにじみ出る。現在はインターネットでこうした手紙を読むことができるので、これを活用するのもひとつの方法である。また現地の記念館や博物館に電話して、その人物についてたずねるだけでも大きな効果が得られる。どのような方法にせよ対象人物の人となりを知ることは、作品の主題構成や授業展開に大いに役立つと思われる。

日々の実践をふり返ると、資料分析をしていて自身がはっと気づいたり、知らないうちに登場人物とひそかな対話をしたりしているなど、道徳授業が自分自身の人間的な成長をうながしていることがわかる。とりわけ伝記資料の開発は、子どもに手作りの教材を提供するだけでなく、作成の過程を通じて教師自身が偉人たちの人生の妙味に触れる機会を得ているといってもよい。であるとすれば、私たち教師は、ただ目標達成の文脈だけで道徳授業を考えるのではなく、自らも善さを求めて生きる人間であるというスタンスで、授業づくりに取り組むべきではないだろうか。そんな教師の謙虚で前向きな姿勢があってはじめて、人物をつくる道徳授業が創出されるのである。

註

（1）奥田眞丈・熱海則夫（編）『新学校教育全集9』ぎょうせい、一九九四年、一五九―一六一頁。
（2）大佛次郎『石の言葉』光風社書店、一九六六年、一一一頁。
（3）辻本雅史『「学び」の復権』角川書店、一九九九年、一四三頁。

3 偉人たちの魂の足跡を追体験する授業例

道徳資料1

ヘレン・ケラーを発奮させた日本人

ヘレン・ケラーが、日本に初めてやってきたのは昭和十二年（一九三七年）のことです。東京の温故学会《おんこがっかい》を訪問したヘレンは、ある日本人の座像《ざぞう》を両手でくまなくなでました。そして、集まった多くの日本人を前にして、

「私は子どものころ、母からハナワ・ホキイチ先生をお手本にしなさいと、くり返し言われて育ちました。くじけそうになったこともありましたが、ハナワ先生を目標にして今日までがんばってきました。」と語ったのです。

世界の人々から「奇跡《きせき》の人」と言われたヘレン・ケラーが尊敬し、目標にした塙保己一とは、

いったいどんな人物だったのでしょうか。

塙保己一は、今から二百七十年ほど前に、武蔵国（現在の埼玉県）に農家の子として生まれました。幼いころから病気がちで、七歳になったときに視力を失ってしまいました。そのうえ、頼りにしていた母親が亡《な》くなり、悲しみと不安の日々が保己一を襲《おそ》いました。

十五歳の夏、学問で身を立てるために故郷を出る決心をしました。江戸に着くと、目の不自由な人の組織（当道座《とうどうざ》）に入って鍼《はり》やあんまの訓練を受けますが、学問をしたかった保己一はどうしてもその生活になじめず、悩み苦しんだすえに川に身を投げてしまったのです。

幸い一命をとりとめた保己一に、当道座の師匠《ししょう》は三年間の学問を許してくれました。それからは、死にものぐるいで学問に打ち込むのですが、目が見えない保己一は自分で本を読むことができません。だれかに読んでもらい、それを聞いておぼえるという勉強方法しかなかったのです。

保己一は本を読んでくれる人を探して、毎日のように町を歩き回りました。たとえ読んでくれる人が見つかっても、紙に書きとめたり、読み直したりできないので、その苦労はたいへんなものでした。

ある夏の夜のことです。仕事でたずねた家の人が、本を読んでくれることになりました。いつものように正座をして聞いていた保己一が、突然、自分の両手をひもでしばりはじめたので

す。不審に思った家の人が、

「どうしたのです。それでは蚊《か》を追いはらうこともできないでしょう。」

と聞くと、保己一は、

「はい、蚊にさされるたびについ手が動きます。気が散って、せっかく読んでいただいたものを聞きもらしてはいけませんから。」

と答えました。

そして家に帰る途中も、たった今聞いたばかりの本の内容を忘れないように、暗唱しながら歩きました。曲がり角でかべにぶつかったり、つまずいてころんだりしてもその声を止めませんでした。

あるとき、そんな保己一のうわさを聞いた学問ずきの侍《さむらい》が、勉強に協力してくれることになりました。保己一がその家をたずねると、

「朝の四時から八時までなら本を読んでやれるが、どうであろう。ちと早くてつらいと思うが、もしよければ一日おきに来るがよい。」

と言ってくれました。保己一は跳《と》び上がる思いで、

「少しも早くなんかありません。必ずうかがいます。」

と答え、深々と頭を下げました。

朝の四時といえば外は暗く、人びとはまだねむっている時刻です。しかし保己一は、その時

間が待ち遠しくてたまりませんでした。

今日はいちだんと寒い朝でした。保己一は白い息をはきながら、通い慣れた道を急ぎました。満天の星が彼の頭上を輝《て》らしていました。

勉強が始まり、侍の口から本を読む声がひびき出すと、保己一はいつものように全身を耳にして、じっと聞き入りました。その一言も聞きもらすまいとする姿に、お茶を運んできた家の者は、そのまま身動きできなくなってしまいました。

やがて本を読む声が止まると、保己一の耳に周りの物音が聞こえてきました。庭の松の葉に朝日があたったのか、光のにおいがします。

保己一は突然、胸の奥にこみあげる熱いものを感じました。同時に、父母や師匠、そしてこれまで自分を支えてくれた人びとの声が次々と思い出されたのです。

保己一にひとつの決意が生まれました。

その後はますます学問に打ちこみ、やがて天下に名の知れた学者になりました。そして、和学講談所《わがくこうだんしょ》という学校をつくり、多くの人に学問を教えました。また、四十一年の歳月をかけた『群書類従《ぐんしょるいじゅう》』という六百六十六冊の全集を完成させて、日本の貴重な書物を後世に残しました。

文政四年（一八二一年）九月十二日、塙保己一は七十六年の生涯を閉じたのでした。

（林敦司 作）

学習指導案：ヘレン・ケラーを発奮させた日本人――塙保己一

1　主題名　人間として生きることのすばらしさ　【五年生　3―（3）】

2　ねらい

世の人のためにひたすら学問に打ち込んだ塙保己一の気高い心を感じ取り、そうした生き方にあこがれる気持ちを高める。

3　主人公の略歴

塙保己一は、延享三年（一七四六）に武蔵の国に農家の子として生まれた。七歳のときに病がもとで失明し、頼りにしていた母親と十二歳で死別してしまった。将来への不安や身に降りかかった不幸を思い悲嘆にくれていた保己一であったが、やがて江戸で学問をすることを決意した。

目の不自由な保己一には、耳で聞いて記憶するという勉強の方法しかなかった。彼は本を読んでもらうとその内容を忘れることがなかったといわれるが、自分では読めない身であるからこそ、一回一回を真剣に学問に打ち込んだのであろう。同時に、そのような熱心な姿は人々を感動させ、たくさんの人が保己一の学問を助けたのである。

保己一の業績のひとつに、四十一年もの歳月を費やして『群書類従』という大叢書を刊行したことがあげられる。その目的は、「後の世の国学びする人びとのよき助けにする」ためで、まったく私心のない大事業であった。

4 本資料の特徴と活用のポイント

ヘレン・ケラーの名前は多くの子どもが知っているのに、塙保己一を知る子どもはまずいない。その意味では、ヘレンが終生心の支えとし、生き方のお手本とした人物が日本人だったということは、子どもたちに新鮮な驚きと感動を与えると思われる。

資料では、保己一の決意や思いを深く想像しながら、周囲にいる人をも動かすものが何であったかに着目させながら、善く生きることの意味を深めることがポイントになる。

■ 丸ごとの人間像から迫る

授業中の子どもたちの思考は、勤勉や不撓不屈の価値群に傾斜することが予測される。ただし、これを無理に修正しようとするとかえって資料のもつ魅力が損なわれるので、本授業ではあえてそうした考えも大切に扱うことにする。そして、複数の道徳的価値を含んだ塙保己一という人間の全体像から、気高い生き方としての畏敬の念に迫っていく。

■ 自分自身との対話を深める

本授業は、資料を中心に課題意識を追求していく形で、自分への問いかけをどう深めるかがポイントになる。そこで、発問①で「保己一はどんな覚悟で学問に打ちこんだのだろう」と問うことで、子ども自身がまず自らの人物眼をもとに課題を明確にし、それを学級全体の課題へと広げていく展開を考える。また、発問②（中心発問）では、「保己一の心に生まれたひとつの決意とは何だろう」と問い、保己一の私心のない学問への姿勢を自分の生き方と比較しながら深めさせる。その後、発問③の「たくさんの人が保己一の学問を助けたのはなぜだろう」と、子どもを保己一の学問を支えた人びとの側におくことで、自分はどうなのかをより深く問いかけさせる。

■主人公が生涯を貫いたものに目を向ける

子どもたちが、塙保己一の生き方に惹かれるのは、ただ単に目の不自由な人間が努力して大学者になったとか、たくさんの本を出版したという事実だけでなく、そのような行動を内面から支えてきた「後世の人びとのために」の思いに胸を熱くしたからである。この保己一の思いを、授業のなかで意識しつづけることが重要になる。

■「その後どうなったか」にふれる終末にこだわる

終末場面では、座像をていねいになでるヘレンの写真を見ながら、世界平和や障がい者福祉に一生を捧げた彼女が、幼いときから師と仰いできた保己一にどんな話をしたのかじっくり考えさせる。また、現代も保己一の意は受け継がれ、東京渋谷の温故学会には『群書類従』の版木が大切に保存されていることや、保己一の研究が日本最初の女医（荻野吟子《おぎのぎんこ》）を誕生させることになったエピソードを紹介して授業を終わる。

参考文献

花井泰子『眼聴耳視　塙保己一の生涯』紀伊国屋書店、一九九六年
堺正一『奇跡の人　塙保己一』埼玉新聞社、二〇〇一年
堺正一『今に生きる　塙保己一』埼玉新聞社、二〇〇三年
林敦司『道徳ノンフィクション資料』図書文化社、二〇一二年

道徳資料2

てんぎゃんと呼ばれた少年

子どもがてんぎゃんにさらわれたぞ――。

村は蜂の巣をつついたようなさわぎになっていました。少年が帰ってきたのは、それから三日もたってのこと。山で草花や昆虫の採集に夢中になっているうちに、家に帰るのをすっかり忘れてしまったらしいのです。もちろん、少年はお父さんにひどくしかられました。でも、しばらくすると、また山へ出かけて行きました。町の人々はこの少年のことを、「てんぎゃん（天狗）」と呼ぶようになりました。

少年の名前は、南方熊楠《みなかたくまぐす》と言います。慶応三年（一八六七年）に、現在の和歌山県に生まれました。幼いころから生き物が好きで、小学生になると本で見た草花やこん虫を探して野山を歩き回りました。実際に、自分の目で見て、耳で聞き、ふれてみなければ納得できない性格なので、先生の話を聞くだけの勉強はたいくつでした。授業が始まると、弁当箱に入れていたバッタやカニを取り出してはこっそり見ていました。

十九歳になった熊楠は、「世界中をかけまわって自然の不思議を知りたい」と言って外国へ飛び出して行きました。アメリカではめずらしい植物を探して、だれも行かないような所まで足をふみ入れました。キューバで採取した地衣類《ちいるい》が新種として認められたのはこのころでした。

イギリスに移ると大英博物館に毎日のように通い、たくさんの本を読んで勉強しました。ところが、しだいに実家からの送金が滞るようになり、思うように研究がつづけられなくなってしまったのです。熊楠は馬小屋の二階を借りて、そこで食うや食わずの研究生活をしました。明日がどうなるかわからない暮らしでしたが、尊敬するスイスの博物学者ゲスネルが、貧しさのなかで研究をつづけたことを思い出して自分をはげましました。

こうした海外の生活で、新しい植物や菌類（キノコの仲間）を発見し、研究の成果を科学雑誌に発表しました。また、世界的にも有名な『ネイチャー』という科学雑誌に、スペンサーやダーウィンと肩をならべて論文が掲載《けいさい》されました。そしていつしか、外国の植物学者の間で「日本のミナカタ」の名前を知らない者はいなくなっていました。

十四年ぶりに日本に帰った熊楠は、熊野《くまの》の森に入りました。紀伊半島の南部に広がるこの森は、山が深く、原生林が空をおおって黒々と生いしげっています。

熊楠は、思わず息をのみこみました。

この森では枯れ木などにできる粘菌《ねんきん》の採集に明け暮れました。粘菌はバクテリア（細菌）を食べる動物ですが、キノコの形に変化して植物にもなります。熊楠は、この菌が命の不思議を知る手がかりになるにちがいないと考えて研究をつづけました。

「森ではすべての命がいっしょになって生きている。」

顕微鏡《けんびきょう》をのぞく熊楠は、大きな眼をきらきらさせてつぶやくのでした。そして熊野の森で次々と新しい粘菌を発見し、世界の雑誌に発表していきました。

ところが、明治三十九年（一九〇六年）に、「神社合祀令《じんじゃごうしれい》」という法律ができて、村々にあった神社が取り壊されはじめました。それといっしょに、鎮守《ちんじゅ》の森の木も切られたのです。熊楠は、森を失った村を歩きながら、

「井戸水がにごって飲めなくなった。」

という村人の話を聞きました。また別の村では、

「害虫が増えて作物が荒らされる。」

という相談を受けました。人の暮らしと自然のかかわりを見てきた熊楠には、村人たちのうったえが、すべて森の木を切ったことが原因だとわかりました。それだけでなく、神社や森をなくしたことで、人々が心のよりどころまで失っていることに気づいたのです。

熊楠は大楠の下に来ました。そして、その大木を見上げたままじっと考えるのでした。

熊楠は病の床でまぼろしを見ていました。

「天井に美しい紫の花が咲いている」

この言葉を最後に、静かに息を引き取りました。てんぎゃんと呼ばれた少年時代の夢を追いかけながら、自然や命の大きさを体いっぱいに感じ取った七十四年の生涯でした。（林敦司 作）

学習指導案：てんぎゃんと呼ばれた少年——南方熊楠

【六年生　3—（2）】

1　主題名　自然の不思議に挑む

2　ねらい

生涯をかけて自然の大きさを知ることに挑んだ南方熊楠の生き方を追うことで、植物や動物のすばらしさや不思議を感じ取り、自然とともに生きようとする心情を育てる。

3　主人公の略歴

植物学・生態学・民俗学・宇宙学など、多方面にわたって研究した南方熊楠は、慶応三年（一八六七）に和歌山で金物商を営む家の次男として生まれた。幼少年期から超人的な記憶力で神童ぶりを発揮していたが、学校の成績はあまり芳しくなかった。というのも、学校の授業には興味をもてず、読書や観察に夢中になっていたからである。

東京大学予備門を中退した熊楠は、明治十九年（一八八六）に横浜港からアメリカへと向かった。サンフランシスコに到着した熊楠は、読書と植物採集に明け暮れる五年間を過ごした。この頃の日記に、「コンラード・ゲスネルの伝を読む。吾れ欲くは日本のゲスネルとならん」と記している。イギリスに渡っても猛烈な勉強ぶりは変わらなかった。科学雑誌『ネイチャー』や『ノーツ・アンド・クエリーズ』に論文が掲載されたり、大英博物館のインフォーマントとして重んぜられたりするなど、ミナカタクマグスの名前が多くの人に知られるようになった。帰国後は、熊野の原生林で隠花植物の採集や読書に没頭するなど、まさに研究三昧の日々を送った。ところがこのころ、明治政府は「神社合祀令」を発令し、地域の小集落ごとにある神社を廃絶し、神社林を伐採していった。これを知った熊楠は、精力的に合祀反対運動を開始することになった。

社会的・経済的には恵まれなかったが、自然の生き物を愛し、相手がだれであろうと怯むことなくひたすら森羅万象に挑んだスケールの大きな生涯であった。

昭和三十七年、南紀白浜を訪れた昭和天皇は、

雨にけふる神島を見て紀伊の国の生みし南方熊楠を思ふ

と歌を詠まれた。昭和天皇の歌に人の名前が詠まれたのは、この一首だけだということである。

4 本資料の特徴と活用のポイント

「知の巨人」や「歩く百科事典」などと評された熊楠には多くのエピソードが残されている。事前学習で熊楠について調べた子どもたちも、多様な「熊楠像」を披瀝すると思われるので、それを生かした学習展開を考えたい。

話合いでは、顕微鏡のなかのミクロの自然と、樹齢千年の大楠の下で感じるマクロの自然に心を動かす熊楠の思いに心を寄せながら、自然の恵みのなかで生かされている私たち人間の気持ちを語らせたい。

■丸ごとの人間像から迫る

本授業は、はじめに「熊楠とは何者か」についてじっくり話し合わせたい。それだけ熊楠という人間は多様な見方ができるし、子どもにとって魅力的な人物である。授業では、熊楠と付き合いのあった当時の人たちによる評判を短冊に書いて、熊楠の写真の周りに貼っていくことで、子どもが自分なりにとらえた熊楠像と比較させる。

■自分自身との対話を深める

話合いでは、自然に魅了されてどっぷり浸かる熊楠への共感を通して考えを深めることがポイントになる。そこで発問①で、「熊野に入った熊楠を研究に打ち込ませたものはなんだろう」と問い、熊楠の自然の不思議を知ろうとする思いを追体験させる。さらに発問②（中心発問）では、「楠の大木は熊楠にどんな決心をさせたのだろう」と問いかけて、熊野の森をどうしても守ろうとした熊楠の強い思いにひたらせる。

■主人公が生涯を貫いたものに目を向ける

熊楠の魅力は、学問の業績はもとより、飽くなき探求心や並外れた記憶力から生み出されたエキサイティングな生きざまである。自然の不思議を知るために、生涯をかけて研究に打ち込み、自然への畏敬の念からあたためてきた自然愛を感じ取らせたい。

■「その後どうなったか」にふれる終末にこだわる

平成十六年（二〇〇四）に「紀伊山地の霊場と参詣道」が世界遺産として認められた陰には、

熊楠の必死のエコロジー運動があったことを紹介して授業を終わる。

参考文献

神坂次郎『縛られた巨人』新潮社、一九八七年
飯倉照平『南方熊楠』岩波ジュニア新書、一九九六年
中瀬喜陽（監修）別冊太陽『南方熊楠』平凡社、二〇一二年
荒俣宏（監修）学習まんが人物館『南方熊楠』小学館、一九九六年
水木しげる『猫楠』角川文庫、一九九六年
『南方熊楠の世界』徳間書店、二〇一二年
『熊楠の生涯』南方熊楠記念館

ようこそ ようこそ

幼いころの私は、祖母から「因幡《いなば》の源左《げんざ》」の話を聞くのがいちばんの楽しみでした。いつも決まって「ようこそ ようこそ」で終わるのがおもしろくて、毎晩のように話してもらったものです。

むかし、源左という男がおった。源左は村いちばんのはたらき者で、今日も夜が明ける前から山草《やまくさ》を刈ったり、畑を耕したりと、休む間もなく働いておった。

夕暮れどきのことだった。一日の仕事を終わらせて家に帰る源左は、田んぼ道にさしかかったところで、赤ん坊の泣き声に気づいたそうな。どうしたことかと辺りを見回すと、赤ん坊の近くで、母親らしいあねさんがいそがしそうに田んぼの草を取っておる。びっくりした源左は、

「やや《(赤ん坊)》も泣《な》いとるに、早よう家につれて帰ってやったがええがのう。」

と声をかけた。するとあねさんは、

「ここだけは取っておかんと、あしたが困るんです。それで、もうちょっと、もうちょっとと思ってやっとる《(やっている)》んです。」

と、草を取りながら返事をした。それを聞いた源左は、

「それじゃあ、代わりにその草を取らしてもらおうかのう。」

と言うと、田んぼに入って草を取りはじめた。

その夜、お月さまが高くのぼっても、源左は家にもどらんかった。心配した家の者があっちこっちをさがすと、暗い田んぼの中で、ひとりせっせと草を取る源左がおるではないか。おどろいた家の者が、

「おじいさん、よその田んぼの草をそんなにきれいに取らんでもええがな《いいでしょう》。」

と言うと、源左は、

「そんな気の小さいこと言わんでもええ。困っとる人がおるときには、自分の田んぼよその田んぼの区別はないだけのう《しなくてもいい》。」

と言って、草取りをつづけた。

田んぼをすっかりきれいにして帰ってきた源左は、遅い晩飯を食べながら、

「今日は、また大もうけをさせてもらった。ようこそ ようこそ。」

と家の者に話したのだったと。

ばあさまから聞いた源左の話は、ほかにもたくさんありました。

知らない人の荷物を、「ちくり《ちょっと》持たしてつかんせえ《ください》。」と持って歩いた話や、山の峠までお年

寄りを負ぶって歩いた話も聞きました。

　こうした源左の話は三百ほどもありますが、どれも自分の仕事は後まわしにして、困っている人に親切にしたことばかりです。でも源左は、それを人に話して自慢したり、いばったりすることはありませんでした。それどころか、「ようさせてくださんした《くださいました》」と親切にした人に自分のほうがお礼を言ったというのです。人に喜んでもらえることが、源左には何よりもうれしいことだったのでしょう。

　昭和五年（一九三〇年）に八十九歳で亡くなる日まで、源左の口から「ようこそ　ようこそ」の言葉が消えることはありませんでした。

（林敦司　作）

学習指導案：ようこそ ようこそ――因幡の源左（足利喜三郎）

【四年生　2―（2）】

1　主題名　人のために尽くせる喜び

2　ねらい

源左の人柄や他者を思いやるエピソードを通して、相手の立場に立って進んで親切にしようとする意欲を高める。

3　主人公の略歴

源左（足利喜三郎）は、天保十三年（一八四二）に鳥取県の小さな村に農家の子として生まれた。十八歳のときに父親を病でなくし、それからは父に代わって家族のために働いた。父親の一周忌をすませたころ、源左の心には父親が死の直前に言い残した「おらが死んだら、親様をたのめ」の言葉が人生の根源的な疑問として頭をもたげてきた。どうしたら真実の親に会えるのか、親にすがるとはどうすることなのか、源左はお寺の住職にいくたびも問いただした。また、わざわざ京都まで行って、有名な僧侶に一週間ばかりつきっきりで聞いたこともあったが、何の解答も見いだせないままでいた。

三十歳をすぎたある夏の朝、源左はいつものようにまだ夜の明けきらぬうちに、牛をつれて裏山に草刈りに行った。刈りとった草をいくつかに束ね、それを牛の背に載せて帰るのだが、みんな載せたら牛がつらかろうと思って、一把だけは自分が背負って帰りかけた。ところが、急に腹が痛くなってどうにもならなくなったので、背負っていた草の束を牛に背負わせた。その瞬間、父親が亡くなる前に言った「親様をたのめ」の意味がふいっとわかったという。そしてこの日から、源左には親様と相談しながら生きる新しい人生が開けたのである。

4　本資料の特徴と活用のポイント

授業では、場面絵や鍬を用いて雰囲気づくりをしたり、田の草取りの場面で動作化を取り入れたりしながら民話的な資料の特徴を生かすことが効果的である。話合いでは、源左の行為を支えている思いや考えを、源左への共感といくつかのキーワードをもとに子どもなりの表現で掘り起こしたい。それによって、人のために尽くせることに感謝し、それを心から喜びと感じる源左の姿が子どもの心に深く響き、これからの生き方にひとつの光を与えることになる。

■　丸ごとの人間像から迫る

インターネットが使えない子どもには源左について調べるのは難しいと思われるので、言行録からいくつかを取り出したものや、柳宗悦が源左を知ったエピソードなどを授業者がプリントして子どもたちに読ませておく。

■　自分自身との対話を深める

授業では、人に親切にすることから得られる大きなよろこびに目を向けさせるとともに、そうした心をだれもがもっていることに気づかせる展開がポイントになる。したがって、「源左の言う大もうけとは何のことだろう」と問いかけて、源左の行為を支えているものについて考えたり、「ようこそ ようこそ」の言葉に込められた意味について話合いを深めさせたい。また、その話合いのあとで、『心のノート』（旧版）の「人はだれでもやさしい思いやりの心をもっています」を読んで、自分の心の内奥にある思いやりの心の存在に気づかせる。

■ 主人公が生涯を貫いたものに目を向ける

源左は文字を読むことも書くこともできなかったと言われている。そんな源左のことを今も多くの人が語り継いでいる理由を、「本当にこんな人がいたのか」と言う子どもたちの素朴な驚きと合わせながら考えさせる。

■「その後どうなったか」にふれる終末にこだわる

子どもたちは、源左の話をもっと聞きたいと思うにちがいない。そこで授業の最後に、子どもたちが興味をもつような話をいくつか紹介したい。また、「ようこそ ようこそ」の文字が入った市役所（鳥取市）の額や店先にかかげられた幟の写真を見せることで、今もなお多くの人びとに愛されていることを実感させることができる。

参考文献

柳宗悦・衣笠一省『妙好人 因幡の源左』百華苑刊、一九六〇年
梯實圓『妙好人のことば』法蔵館、一九八九年
藤木てるみ『妙好人 源左さん』（上）（下）探究社、一九九九年

道徳資料4

九十歳のこん虫はかせ

ある日のことです。ひとりの村人が、畑に行く道で、地面に腹ばいになった男を見つけました。夕方になって、畑仕事をすませて帰ってくると、男はまだその場所に、同じかっこうのままでいました。

いったい何をしていたのでしょうか。じつは、地面にある小さなあなを見ていたのです。そのあなでは、ちょうど今、ジガバチというハチが、つかまえたばかりの虫を巣あなに運びこもうとしているところでした。

男の名前は、アンリ・ファーブルといいます。一八二三年、南フランスのサン・レオンという小さな村に生まれました。動物やこん虫など、生き物は何でもすきな子どもでした。

ある夜、ファーブル少年は、近くの草むらから、ジー、ズィン、ズィン、ジーとふしぎな音がするのに気づきました。「小鳥のひなでもいるのかな」と思って、草むらの中を見はることにしました。あたりは、今にもオオカミが出てきそうな場所です。じっさい、いろいろなけものの鳴き声や動き回る物音が聞こえてきます。ファーブルは足をがたがたふるわせながら、「もうやめて帰ろう」と自分に言い聞かせていました。

しかし、次の夜も、ふしぎな音の正体をさがしに出かけたのです。

そして、三日目。ついに見つけました。音を出していたのはバッタだったのです。ファーブルは、葉っぱの上で鳴いているバッタにそうっと近づき、両手でパッとつかまえました。こうして、羽をこすり合わせて音を出す虫がいることを知りました。

大人になったファーブルは、仕事が休みになると、朝早くから野原や林に出かけ、一日中こん虫をしらべてまわりました。

ハチはどうやってえものを生きたまま巣あなにおくのか。ゴミムシはなぜ死んだふりするのか。アリの行れつには順番があるのか……。

小さな虫たちの、ふしぎな行動を見つけるたびに、ファーブルはいつも目をかがやかせました。

ある疑問にぶつかってやっとそのなぞをといても、また新しいなぞが次から次へとあらわれます。一つのことをしらべるのに、何か月もかかることはめずらしくありません。それどころか、ウマやヒツジのふんをまるめて巣あなに運ぶフンコロガシのかんさつにはじつに四十年もかけました。

自分の目でたしかめたことを信じよう。そのためには、しんぼう強く観察と実験をくり返すしかない——。

実験がうまくいかなかったり、研究の成果が認められなかったりするたびに、ファーブルはいつも自分にこう言い聞かせるのでした。

こうした長年の研究をもとに、こん虫たちのふしぎな行動を紹介した『昆虫記』を書くことにしたのです。木の葉をまいてゆりかごを作るオトシブミや、天気よほうのできるコガネムシのことなど、小さな虫たちの世界をわかりやすくこまかに書いていきました。

五十二歳になって書きはじめ、十さつ目を書きあげたときは八十三歳にもなっていました。いきいきとした虫たちの姿を正確に伝えたい、という思いがこの大仕事を成しとげさせたのでした。

「もっとも小さなものに最大のおどろきがかくされている。」

ファーブルは弟への手紙にこう書きました。


庭は花ざかりで、今日もたくさんの虫たちがきています。九十歳になったファーブルは、研究室のいすに腰を下ろすと、

「なんどうまれかわっても、わたしはおまえたちの研究をつづけるだろう。それでも興味がつきることはないにちがいない。」

と、虫たちに話しかけるのでした。


（林敦司 作）

学習指導案：九十歳のこん虫はかせ――ジャン・アンリ・ファーブル

【三年生　1―（2）】

1　主題名　夢を追いつづける

2　ねらい

ファーブルの昆虫に向けた探究心を学ぶことで、自分がやろうと決めたことに向かって、粘り強く取り組もうとする心情を育てる。

3　主人公の略歴

ファーブル少年は、夜になると聞こえる不思議な音の正体をどうしても知りたくて、草むらのなかで何日も見張っていた。そしてついに、その正体の主であるバッタが、羽をこすり合わせてあの不思議な音を出していたことを知るのである。

そうした昆虫への興味は、大人になってますます高まるのであった。観察や実験が上手くいかなかったり、研究の成果が得られなかったりしても、昆虫の生態を知ろうとする意欲を失うことはなかった。そして不朽の名著『昆虫記』が誕生するのであった。五十二歳で書き始め、十冊目を書き終わったときには八十三歳にもなっていた。

一九一五年十月十一日、九十一歳の生涯を遂げたファーブルはセリニャンの墓地に埋葬された。墓石にカマキリやテントウムシがとまってファーブルを見送ったと伝えられている。

4　本資料の特徴と活用のポイント

ファーブルが晩年に不朽の名著を完成させた経緯は、子どもたちの心を打つにちがいない。授業では、『昆虫記』の全巻や昆虫の拡大写真を用意し、子どもの理解と感動が深まるようにくふうをしたい。また、継続する力やねばり強さは、取り組むことそのもののおもしろさを見つけてこそ育まれる。話合いでは、いま、夢中になっていることやがんばっていることなどを話題にして、子どもの前向きな気持ちを引き出したい。

■ 丸ごとの人間像から迫る

本授業までの一週間、朝の読書の時間に『昆虫記』を一話ずつ紹介することで、ファーブルの人間像を想像させたい。また、家庭学習の課題にファーブルの略年表を準備し、調べたことを書き込ませることで、生涯をかけた研究であったことを実感させておく。

■ 自分自身との対話を深める

本授業は、物事に夢中になって打ち込んでいる、まさにその時に味わう楽しさを、粘り強く取り組むということと関連づけながら展開することがポイントになる。中心場面では、「ファーブルが書いた『昆虫記』がおもしろいのはなぜだろう」と発問することで、ただつづけるというだけでなく、困難や失敗があっても楽しみながらやるということに目を向けさせたい。これをもとに、自分なりの課題意識や興味・課題を追究していく形で自己内対話を深めていくことができる。

■　主人公が生涯を貫いたものに目を向ける

『昆虫記』が出版されてもファーブルの名前は、あまり知られることはなく、生活も苦しかった。それでも研究をつづけたのは、昆虫のことを知るのが楽しかったからである。ここでは、論語の「子曰く、之を知る者は、之を好む者に如かず、之を好む者は、之を楽しむ者に如かず」（何をするにも、知っているという者は、好きだという者にはおよばない。それが好きだという者は、楽しいという者にはおよばない）を引用して、ファーブルが貫いたものに目を向けさせたい。

■　「その後どうなったか」にふれる終末にこだわる

一九八一年にノーベル化学賞を受賞した福井謙一は、少年時代に野山を走り回って昆虫採集に興じていた。福井少年に化学のおもしろさを教えてくれたのが、『ファーブル昆虫記』の「オオクジャクヤママユの話」であったことを紹介して授業を終わる。

参考文献
奥本大三郎（訳）『ファーブル昆虫記8』集英社、一九九一年
船崎克彦（訳）『ファーブル昆虫記』集英社、一九九四年
森本哲郎『生き方の研究』新潮選書、一九八七年

第Ⅲ部
子どもが育つ教室

第一話　やりぬく力を育てる

モノ作りに熱中した手

私たち教師は、「あの子は伸びた」という言葉をよく使うが、厳密には子どものどのような状態をイメージして言っているのであろうか。改めて問われると、簡単なようでなかなか難しい。

一般的に、教師や親が「子どもが伸びた」と感じるのは、その子が努力して何かができるようになったことだけを指すのではない。むしろ、その取り組みの過程で変化した子どもの全体を言うのではないだろうか。たとえば、縄跳びの練習を熱心にやって二重跳びができるようになったことよりも、その後に見られる子どもの表情や言動、雰囲気などを問題にしているのである。

本田宗一郎の『私の手が語る』という本を開くと、最初に「私の手」と題した左手のイラストが現れる。カッターで削った爪、ハンマーでつぶした指、きりが突き抜けた手の甲など、数え切れないほどの傷を負った左手が読者には痛々しく感じられる。ところが本人は、これらの傷を「みんな私の宝」と語るとともに、「私の手は、私がやってきたことのすべてを知っており、また語ってもくれる」(1)と、自分の人生をこの手に代弁させているのである。

それにしても、これほどまで著者が自分の手に特別な思いを寄せるのはなぜだろう。それは、「世界のホンダ」を築き上げた手であるだけでなく、自分をモノ作りに駆り立て、それによって自身の人間的成長を実現させてくれた手であるという意味を含んでいるにちがいない。

「打ち込む」には、「ある事に熱中する」の意（『広辞苑』）がある。イラストの左手が語るように、人間文化の特質としての真・善・美は、我が身を忘れるほどに熱中する活動から、自己実現や自己表現として生まれ出ることになる。

活動を支える「自在性と言葉」

私たちの何かに打ち込もうとする意欲は、脳の情動系が豊かに働くことによって生まれる。情動とは人間のさまざまな感情、いわゆる喜怒哀楽のことだが、前頭葉は脳の奥にある情動のシステムと連携し、そこからの投射を受けて活性化するのである。ことに児童期の情動系の発達は、「原っぱ」に象徴される遊戯空間を仲間と走り回り、自在性を存分に発揮することで促される。

四年生の男子に、どちらかといえば集団の中にいることを好まず、休憩時間はいつも数人の決まった仲間とだけ過ごす子どもがいた。あるとき、本人の意に反してクラスのイベント係になり、いやが応でも多くの友だちと共同で活動せざるをえなくなった。

イベント係の仕事は、月一回の「お楽しみ会」を開催することである。当初は遠慮する気持ちと、友だちが思い通りに動いてくれないことへの苛立ちが目立っていたが、回数を重ねるたびにその活動に熱中し、友だちに大きな声で指示を出すようになった。五年生になって、陸上競技で活躍する彼の姿は、だれが見ても「変わった」という印象を与えたのである。

この事例でわかるように、感情の揺らぎが硬直した現代の子どもたちには、仲間と思いっきり喜んだり悲しんだりする機会を意図的につくり出す必要がある。そのように考えると、「ゆとり教育」の弊害として話題になった授業時数の減少の問題は、教科よりもむしろ学校行事や児童会活動にあるといってよい。

一方、活動の全体を通してモチベーションを維持することはなかなか難しく、ときには教師や親の励ましが必要になる。こうしたサポートは多くの場合、言葉の力に頼ることになるが、おとなの側の考えや意図だけが先行してしまったり、ステレオタイプ的にほめたりしても効果は得られにくい。

われわれもそうであるが、何かに熱中していてふとだれかと話をしたくなることがある。これは試行錯誤や集中によって生じた緊張をほぐす反応であるが、子どもの活動にも同じことが起こっているはずである。したがって、教師や親はこうした子どもの心の求めに呼応し、話をじっくり聴くことで心にくすぶる不快な感情を取り除いてやらなければならない。

ただ、それには子どもが話したいときに、子どもが話したいことを「聴く」という共感と受容の姿勢が条件となる。たとえ前置きがだらだらと長かったり、要点のはっきりしない話であっても、子どもが「話したい」ことに真摯に耳を傾けることである。

こうして、子どもの中に自分の気持ちが聴きとげられているという確信ができると、教師や親の「言葉かけ」は、次の活動へのエネルギーを生み出すことになる。

生き方の方針につなぐ力

ところで、打ち込む活動によってすべての子どもが伸びるかといえば必ずしもそうではない。たとえば、地域のクラブチームでスポーツに打ち込んでいる子どもが、学校では教師を困らせる問題児であることがある。授業中の態度が悪い、教師の指示に従わない、閉鎖的な仲間集団を作るなど、野球やサッカーをやっているときとはまったく逆の態度を見せる子どもがいるのである。

要するに、熱心に活動していても、そこから大切なことを学んでいる子どもと、その逆の子どもがいるということである。とすれば、後者の子どもは、活動から学んだことを生き方につなぐ力が育っていないと理解してよいだろう。したがって、子どもの日常生活のなかの行為を、個々の子どものもつ判断力のレベルでとらえ、生き方につなぐ力を高める指導が欠かせない。

五年生の道徳授業で、「友情」を扱ったときのことである。授業が終わると、ある女の子が友だちがいないことの悩みを担任に打ちあけた。よく聞いてみると、彼女の読書にその原因があるように思われた。たしかにこの子の本好きはすこし度が過ぎていて、授業が始まったことにも気づかないまま本を読んでいて教師に注意されることもある。当然、友だちとお喋りしたり、遊んだりする時間は極端にすくない。

担任は女の子の話をじっくり聴いた上で、『論語』の「徳は孤ならず必ず隣《となり》あり」（里仁）(2)の一節をひきながら、友だちづくりも大切だが、まずは自分のやりたいことを思いっきりやるようにアドバイスしてみた。読書に打ち込むことで「魅力ある私」になれば、友だちはおのずと集まるという発想をもたせたのである。

その話を聞いた彼女は、はっとした表情を見せると、再び「本の虫」にもどった。それから数週間して、司書教諭から、女の子が図書館の仕事を熱心に手伝っているという報告があった。どうやら彼女の心の中には、図書館で働くという将来の目標が芽生えたようである。

ただここで、担任が唐突に『論語』をもち出したのではないことを確認しておきたい。このクラスでは、教室内に学問の木と言われる楷《かい》の木の鉢を置き、日ごろから担任がこの木を用いて、子どもたちに道徳的なメッセージを送っていたのである。

このように考えると、児童期からできるだけ多くの人間や格言を話題にあげることは大切である。もちろん、これはそのまま子ども自身のものになっていくわけではないが、打ち込む活動によって得られたものを、自身の生き方につなぐときに、すくなからずも吟味の材料となるはずである。

貢献感につながる自己概念

打ち込む活動には、長期におよぶものと短期に終わるものとがある。また、単独で行うものと、集団で行うものとがある。ここでは、子どもたちが地域のおとなと共同で取り組んだ短期の活動を紹介してみたい。

夏休み前のある日、学校と公民館の代表が話合い、子どもたちが運営する「のど自慢大会」を開催することになった。学校の児童会で行った「のど自慢大会」を、地域の夏祭りでやろうというのである。

それぞれの役割を話合った結果、地域のおとなは舞台作りや音響機器の操作を受け持ち、学校側は児童会担当と音楽担当の教師で実践組織をつくるなど、両者が連携して子どもたちの活動を支えることになった。

子どもたちは二度目の「のど自慢大会」であり、手順もある程度わかっていたので、自分たちで企画・運営に全力をあげて取り組んだ。

公民館が作成した当日のプログラムには、「今年の夏は、子どもたちが自分たちで考え、自分たちで運営するのど自慢大会を提供してくれました。私たちはこのすばらしい企てに感嘆するとともに、誇りに思い、また大きな喜びをもっています」と書かれていた。子どもたちは、地域のおとなと活動することで、貢献感につながる自己概念を形成し、同時に仲間意識を強めることになったのである。

アメリカの教育学者J・デューイは、「教育学についての私の信条」（一八九七）と題する論文で、「すべての教育は、個人が人類の社会的意識に参加する過程である」と述べている(3)。この社会的意識への参加とは、具体的には、その社会が保持する観念、知識、慣習といったものを身につけているおとなと、そうした社会的意識を身につけていない子どもとの両者による共同活動のことである。

子どもの活動的な成長（active growth）は、周りの人と経験を交換しあう社会的本能と、ものを製造しようとする構成的本能、およびこれら二つの本能の結合による探究の本能を呼び覚ますことによって促される。そして、このようにして得られた達成感や社会参加の充実感は、確実に子どもを変えるのである。

ただしこうした活動が、「子どもを伸ばす」という結果にとらわれすぎると、かえって目的は達成できなくなるだろう。そもそも物事に「打ち込む」という活動は、損得勘定抜きの全力投球のはずである。事物に対する個人のこだわりが打ち込む活動を駆り立てるのであって、いわばそのことに没頭しているうちに、副産物的に人間的成長が得られるのである。

だからこそ、教師や親は子どもが夢中になってやっていることを過小評価したり、損得勘定で判断したりすることだけは慎みたいものである。

註

(1) 本田宗一郎『私の手が語る』講談社文庫、一九八五年、四頁。
(2) 宇野哲人『論語上』明徳出版社、一九六七年、一四七頁。
(3) 栗田修『デューイ教育学の特質とその思想史的背景』晃洋書房、一九九七年、二五頁。

第二話　希望と勇気ある心を育てる

冒頭から飛躍した話になるが、困難を乗り越える人間の具体像として、私は葛飾北斎を思いうかべる。

以下、北斎が七十五歳のときに書いた文章である。

「六歳の時から私は、ものを描くことに憑かれたもののようであった。（中略）七十三歳になって、私は自然・動物・植物・小鳥・魚・または昆虫などの真の構造について、いささか知るところがあった。だから八十歳になれば、私はもっと進歩するだろう。九十歳になれば事物の秘義に徹し得よう。百歳には驚嘆すべき高さに到達するだろう。百十歳になれば、私の描くものはすべて、たとえ点や線にすぎなくても、生命を持つに到るだろう」(1)

これのどこが困難かと言われそうだが、制作上の悩みや生活の苦労など微塵も感じさせない直向《ひたむ》きな生き方が、かえって北斎の不屈の精神を印象づけるのである。どんな困難に直面しても、自分を信じて歩みを止めることがなかったのは、ひとえに、絵が上手になりたい、もっと達者な絵を描きたいと願う気持ちをもちつづけたからにちがいない。

物事に果敢に挑戦し、やり抜いていく力の源には、自分の可能性に対する信頼が不可欠である。そしてそれは、何事かをやり抜くことで身につけるものである。

困難に立ち向かう力とは何か

学習指導要領に「困難」の文字は見あたらないが、「くじけない」が道徳の内容に出てくるので、まずはこれに注目してみたい。

高学年の指導に、「より高い目標を立て、希望と勇気をもってくじけないで努力する」と示されるように、この指導内容がきわめて対自的で、意志的・自律的であることに特徴づけられる。ここでは理想に向かって努力していく意志と実行力を育てることが指導の中心となるが、その際、希望をもつことの大切さや、挫折感を克服する人間の強さについて考えさせることが求められている。

ところで、子どもたちが感じる困難とはどんなことだろう。四年生に聞いたところ、ほとんどの子どもが「友だち」に関係するものをあげた。とくに多かったのが、学習中に友だちはできているのに自分はできないとか、自分だけわからないといったことによって生じる自己不全感の高まりである。一方、それをどう克服したかの質問にも「友だち」と興味深い回答をしている。

要するに、子どもたちが受けるストレスやネガティブな感情も、またそれを乗り越えるのも、友だちに起因する心の動きなのである。児童期の子どもにとって、課題遂行は友だちの存在をより強く意識させるが、それは同時に、忍耐強くやり遂げるといった心的耐性の基礎を培っているのである。

飛び跳ねようとする生命力

子どもが〝すごい人〟に関心をもつことはよく知られる。そのような観点から、私はこれまで道徳授業に用いる数編の伝記資料を作成してきた。たとえば、「ヘレン・ケラーを発奮させた日本人」という道徳資料[2]で、盲目の大学者・塙《はなわ》保《ほ》己《き》一《いち》の不屈の精神にふれさせたり、「てんぎゃんと呼ばれた少年」の道徳資料[3]では、南方熊楠《みなかたくまぐす》の自然を愛護する心を追体験させたりする授業を構想してみた。

これらの資料の主題はそれぞれ異なるが、どの主人公の生き方も「困難に立ち向かう」という点で共通していることに気づく。つまり、子どもの心を惹きつける道徳資料には、必然的に、困難に果敢に挑戦し、苦しみ挫折しそうになりながらも、それを乗り越えていく人間の姿が描かれることになる。

嫌なこと、つらいことを避けたいのはだれも同じである。一方で、伝記や冒険談など、他者が困難を乗り越える話に胸を熱くするのも事実である。一見矛盾するこの現象に、じつは人間に内在する成長エネルギーを認めることができる。つまり、意識上では「困難などご免被りたい」と思っていても、心の深いところでは、自己を成長させるために必要となる困難を求めていると考えられる。成長期のどの子も体験する、少し高い所に飛び付くことの衝動や、そこに手が届いたときの喜びが、そのことのあらわれではないだろうか。

本来、学校はそうした欲求を仲間と体現する場である。さらに言えば、教科学習における思考の過程がそれを満たす絶好の機会となる。教師はただ目標達成の文脈だけで授業づくりを考えるのではなく、子どもたちの欲求を満たす学びの形態や、チャレンジ精神をかき立てるような課題を用意する必要がある。背筋を正してきちんと学習する従来型の指導とあわせて、教科指導における教師の教材研究はこの点においてもっと配慮されなければならない。

人物に学ぶ辛抱の意味

自らの生き方を貫いた人物に学ぶことは、同一視（identification）の対象を見つける格好の機会となるだけでなく、強い意志力をもって自らもそのような生き方を求めようとする子どもを育てるという点で有意義である。

六年生の道徳授業「困難を乗り越える」では、道徳資料「伊能忠敬」（文溪堂）を用い、伊能が測量に打ち込む心の葛藤や敢行を追体験していった。子どもたちは、困難な旅への不安をもちながらも夢を実現しようと張り切る主人公の気持ちを考えたり、多くの困難のなかで何度も挫折しそうになる人間としての弱さ、それを克服していく意志の強さに共感したりしながら、自己の内にまどろむ「がんばり体験」を呼び起こしていった。

ただし、このような心的過程をたどって直面する内省の問いは、自分ひとりではなかなか解決できるものではない。授業における話合いや、友だちの発言を媒介することで、自分への問いかけをより深めることになるのである。

それは自分を見つめる場面で、ピアノの練習を毎日つづけていることや、自由研究を苦労して完成させたという発言に表出していた。その際、達成感や充実感を中心に心情も語らせることで、つづけることの大切さをより深く感じ取らせるとともに、「心のノート」の記述を読みながら伊能のもつ強い意志が自分にもあることに気づかせるようにした。

授業の終末には、椎茸作りの名人と呼ばれる老人の話を聞いた。そこで語られた、「四十年間の椎茸作りは失敗の連続だった。やめてしまおうと思ったことも何度もあった。でも、それをしなかったのは、子どものころ近所におられたエライ人に、人間一代にひとつの仕事を二十年はつづけてみることだ、と言われたことが心に残っていて今日までやってこれた」という話は、授業のねらいの本質を見据えたものとして、子どもたちの記憶に深くとどまったと思われる。

このような人物モデルを子どもたちに示すことは大きな意味をもつ。つまり子どもたちは、憧れの人物を媒介しながら、自分の力を信じて何かをやり抜くことの意味を解くであろうし、困難な局面に立ったとき、こうした人物の生き方や言葉が示唆と勇気を与えてくれるはずだからである。

ネガティブな自分との対話

朝の活動に、ランニングをしている学校がある。なかでも金曜日は、長距離走の記録を取ることになっていて、この学校の子どもにとっては特別な日である。

走り終わると子どもたちは、その日の自分のタイムを記録表に書き込むが、「今日はベストタイムが出た」とか、「前回より二秒も落ちた」などと、教室内は大いに盛り上がる。

ところが、走る前の子どもたちは、みんな沈んだ顔をしている。登校したとたん、走ることを回避する相談を友だちとしたり、担任や養護教諭に体調不良をうったえたりする子どもが毎回のように出てくるのである。そうは言ってもほとんどの子どもは、準備体操の前にはその気持ちと決別し、着替えをして校庭に出ていく。

子どもたちはこうして、毎回、ネガティブな気持ちと向き合うが、友だちとおしゃべりしたり、友だちの頑張る姿に刺激を受けたりしながら、それぞれが自分の心に折り合いをつけているのである。

最後にこの取り組みから、本章のテーマに関連する視点をいくつか引き出してみたい。まず、ある活動に適度な困難と達成感を織りまぜ、それを積み重ねていることの意味である。現代の子どもに不足しているのは、嫌なこと、つまらないことに向き合う自己内対話の機会である。その意味では、どの子も挑戦でき、同時に継続可能なものを、日常の中に取り入れる工夫が必要になる。

第二に、達成目標が個別に設定されるということである。これによって、自分の能力と他者との比較ではなく、努力の結果として、自分が満足できる達成成果が得られやすくなる。とくにこの学校の長距離走のように、努力の成果を数字で確認できるというのは、子ども自身の達成感が得られやすく、また意欲も持続する。

第三に、学級集団がもつ支え合ったり、励まし合ったりする機能の充実である。個人のがんばりを喚起することは、学級集団の凝集性と非常に強い関連をもつことは言うまでもない。それだけに、集団のモラールを高めるための目標づくりや、気持ちを合わせて大きな力を生み出す集団活動の取り組みが重要になる。このなかで、簡単にあきらめない、最後までやり抜くという気分が学級の風土として醸し出されることになる。

*

自分自身の力を信じて何かをやり抜くことは個人の意志であり、対自的な問題としてとらえられる。がしかし、子どもたちの現実は、「友だちが見ているから」とか、「これができれば友だちに勝てる」といった、恥の回避、他者からの賞賛、優越感などが活動を喚起する動機になっていることは否定できない。

子どもたちは、友だちと一緒だから頑張れるし、友だちに愚痴が聞いてもらえるから乗り越えられるのである。そのような観点から学級づくりを考えると、子どもたちのなかに素直な感情を表現する受容関係や、認め合える仲間集団を構築することがどうしても必要となる。

註

（1）E・フロムは著書“MAN FOR HIMSELF”（谷口隆之助・早坂泰次郎（訳）『人間における自由』東京創元社、一九七二年）の文中で北斎のこの文章を引用しながら、生産的な生き方を発展させた精神的・情緒的特質を述べている。

（2）本書第Ⅱ部3　道徳資料1

（3）同右　道徳資料2

第三話　心の強さを育てる

二つのよい子像

親や教師であれば、だれもが子どもに「よい子に育ってほしい」という願いをもつにちがいない。しかし、では、いったい「よい子」とは具体的にどんな子どもなのか、と問われると、私たちはなかなかはっきりとした答えを提示することができなくなってしまう。「よい子」の「よさ」は、つきつめると倫理学の根本問題に結びつくからである。しかし、それを知るひとつの視角として、時代を通して人々が抱く理想の人間像ないし、子ども像を振り返ることが考えられてよい。

これまで親や教師にイメージされてきた「よい子」には、どのような子ども像があるだろうか。

明治、大正、昭和を通しての戦前の代表的な理想の子ども像は、「柴刈り縄ない草鞋をつくり……」と歌われた二宮金次郎である。離散した一家の再興と、各地の疲弊農村を復興させたその精神は、貧窮にもめげず必死にはたらき、勉強した少年時代の生き方に胚胎していた。この苦学力行型の子ども像は、金次郎の一側面をもとに国家的・政治的観点からつくり出されたもので、それが戦前の社会に「よい子」と容認されていたことがうかがえる(1)。

このような二宮金次郎に代表される「よい子」像は、大人の人間観や社会通念に照らして適合するか否かという、一般的価値意識を反映している点に特徴がある。

一方、こうした子ども像とは異なる、もうひとつの子ども像がある。たとえば、『昆虫記』で有名なジャン・アンリ・ファーブルである。

彼が子ども時代を過ごした南フランスのマラヴァルという土地は、ジャガイモ畑と果てしない寂しさがあるだけの人跡まれな寒村であった。その貧しい農家に生まれた彼は、大人たちからほとんどかまってもらえない代わりに、自分だけの自由な時空を、いやというほどもっていた。そこで昆虫や植物を友としたり、師とし、その世界の神秘を垣間見るという、倦むことのない探求の日々を過ごしたのであった。

言い換えるならば、さしでがましい大人の干渉を受けることなく、自分で自分の能力を開発するといった少年時代の体験が、のちに昆虫学者ファーブルを生んだといってよい。しかしそんな少年の姿は、父母の目にはとうてい「よい子」とは映るべくもなかった。

このようなファーブルが「よい子」とされる可能性は、子どもの本性はその創造的な自己活動性にあるとする子ども観に立つ場合にある。遊びの天才性や無拘束性は、どの子どもも生まれながらもち得ているよさであり、それぞれの子どもの本性といってもよいからである。

ここで問題とされる「よい子」は、どちらかといえば前者であろう。その子ども像はもちろん、経済的に豊かになった社会では、苦学型の性格特性と直接結びつくわけではないが、いずれにせよ、大人社会の枠組みや規定からはずれることなく、親や教師の期待に一心に応えようとする「よい子」であることには変わりない。しかし、そのような「よい子」に、挫折の危機が起こる。

敷かれた軌道からの脱出

転勤族の父をもつマサル（仮名）は、幼稚園時代に「自由遊びができない」と指摘されることがあったが、小学校生活をいわゆる「よい子」で過ごした。学習の成績も常に上位にあり、教師から指示されたことはほぼ完璧にこなす努力型の子どもであった。また、第一反抗期とよばれる時期にも、親へ反抗する態度をほとんど見せることなく、手のかからない「よい子」のまま思春期を迎えた。

そんなマサルが、中学二年生になったとたん「休憩時間が怖い」と訴え、学校に通わなくなった。このことから、わが子の不登校の原因は学校にあると考えた母親は、担任の家庭訪問を拒否した。そして、進学の不安などもあって、母子ともに相談所を訪れたのである。

さっそく、通所によるカウンセリングと学習・生活指導が開始されたが、はじめはそこの雰囲気になじめず、ひとりで過ごしていた。数週間して、徐々に他の不登校の子どもたちの誘いにも応じることができるようになり、学習や遊び、昼食作りなどをみんなとするようになった。しかし一面では、たとえば、けん玉に興味を示すとひとりで二・三時間やりつづけ、これに没頭して人を寄せ付けないこともしばしばであった。

卒業式の日に、周囲の勧めもあって再登校した。そして、いままでの友だちと一緒では学校生活が送りにくいだろうという配慮から、母親が決めた県外の全寮制高校に進学することになった。ところが、すぐにそこを逃げ出してしまい、現在は自分の決めた地元の高校に通っている。

「挫折」を広辞苑で引くと、「計画や事業が中途でくじけ折れること」とある。マサルは、自分自身の「物語」を創造する主人公でありながら、母親の敷いた「計画」や「事業」を従順に遂行することで、外的適応力を高めてきた。反面、自己喪失的な他者志向が進むなかで、自らの内面世界に深刻な問題を投げかけており、アイデンティティの獲得を発達課題とする青年期において、ある日突然、親の期待を覆したのである。

この事例が注目させるのは、失敗を許さぬ子育てを強迫観念としてもつ母親の意識と、これに応えようとする子どもの心の緊張が限界に達したときに生ずる両者の不安の心理である。しかし、二年間のカウンセリングを通して「これまで、マサルへの愛は駆け引きのようなものだったが、いまは学校に行かなくても愛せるようになった」と述懐するにいたった母親の言葉に、彼女自身の意識の変容を看取することができる。それは、親が自らの否定的な感情に気づき、それを率直に受け入れたことを意味する。母親はこうして、はじめて心を開いて子どもに接することができ、これによって、子どもの気持ちや言動に柔軟な態度がとれるようになったのである。

このように考えると、子どもは、絶えず「よい子」でないと不安になるように育てられても、新たな自我の芽生えとともにその「よい子」像に疑いを抱き、本来の自分を取り戻すため立ち止まることで、新たな自分づくりの旅に出発しようとするといえる。そしてそこには、その子ども独自の世界を理解するための豊かな感受性をそなえ、しかも柔軟な対応ができる大人の扶けが必要になる。

みんなに合わす「よい子」

教師にとっての「よい子」は、学年が上がるとともに他の子どもの目には、自分だけ認められようとする「わるい子」と映りやすい。そして、自分だけが認められ、評価されようとすればするほど、同級生の気持ちの方も気になるような不安定な感情が生ずることになる。次に紹介するのは、これらの傾向とは異なる「よい子」、つまりは、教師にとっても子どもたちにとっても「よい子」が、病理的な症状を起こした事例である。

ヒロシ（仮名）の学級は、男子10に対して女子1という男女比の大きいのが特徴である。明るくまじめなヒロシは、小学一年生のときから教師の期待に応えようとして、学習や運動に全力投球してきた。仲間内では出すぎることもなく、人間関係のバランスをとったり、遅れる友だちの面倒を見たりして、男子の多い学級内において母性的な役割を担ってきた。だから、ヒロシに対する周囲の信頼は高く、彼はみんなにとっての「よい子」であった。

ところが中学年になると、閉鎖的で連帯感の強い「ギャング集団」が出現し、いままでの「よい子」性は思うように機能しなくなってしまった。こうして、彼自身の心理的な緊張状態（過剰適応）に破綻が生じたのである。やがて、円形脱毛症というかたちで心身の失調症状が発出し、行動も消極的になっていった。

教師の称賛を得ようとするブリッ子型の「よい子」は、それが意識的であることから、自分で「よい子」像をある程度調節することもできる。ところがヒロシの場合は、彼自身に不安の原因がほとんど意識されていず、つまりそれは無意識的であるために、自分でも気がつかないまま心身の不均衡状態に対応しつづけていたのである。

担任は、ヒロシの身体の緊張を弛緩するために、思いきって大声を出させたり腹式呼吸をさせ、副交感神経支配によるリラクセーションを促進していった。また、好きな木工に没頭させ、教師や仲間ばかりに向けられてきた感受性を、自らの心の動きや内から湧き出る自分の欲求に向けるようにはたらきかけた。

今後は、高齢者や障がいをもつ人との交流やボランティア活動などの社会参加を促し、同じような他人への気遣いでも、それが自分自身の自己実現に役立つような方向性が存在することを見いださせることが必要になる。

多様なよい子像との出会い

価値観の多様化した現代社会に生きるためには、子どもがさまざまなよい子像に出会い、矛盾した「よい子」像の中から自分なりのよい子像を選択して、自らの人生を構築していくことが大切である。これからの学校では、このような出会いの場や機会をできるだけ多く、しかも個に応じて設定することが求められる。

そのひとつの方法として考えられるのが、道徳の時間をはじめ各教科などの学習で触れる人物から、多様な考え方や生き方を学ばせることである[2]。これによって、世の中の「よい子性」の価値基準に弾力的に目が向き、自分なりの価値基準で、自己に対する適切な評価と自己の向上を認めることが可能になる。

たとえば、学級に、自罰的であるために「よい子」になれないことに悩み、劣等感に押しつぶされそうになっている子どもがいたとする。ある理科の学習で、その子どもが植物のことに関心を示すのを知った教師は、この子に牧野富太郎の少年時代を紹介し、その子ども像を心像との出会いの世界において追体験させていく。これによって、その子はやがて、親や教師にとって「よい子」であることが、自分自身にとっては必ずしもよい子ではないことに気付くことになるだろう。また、現在多くの学校で取り組まれている「朝の一〇分間読書」の時間を活用し、偉人や先哲の少年時代に焦点を当てた読み聞かせをすることも、子どもたちにとって多様なよい子像に触れる機会になるにちがいない。

ただ、このように指導したからといって、必ずしも大人によって価値づけられた「よい子」像が求める現実的内容をすべて否定しようとは思わない。むしろ問題となるのは、「他者にとらわれない自分」を確立しながらも、「世間共有の常識や期待に自分の意識や態度、行動を合わせられる」自己をどう形成するか、という真の主体性を確立するための人間形成の課題である。

註

（1）国定五期の修身教科書に現れた人物のうち、明治天皇を除いて最も多く取り上げられたのが二宮金次郎である。

（2）林敦司「友だちのよさに気づく学級づくり」『児童心理』一九九六年一一月号、金子書房、九六―九八頁。

第四話　明るく誠実な心を育てる

ある中学生の悩み

少し前のことになる。当時の勤務校の卒業生でもあるひとりの中学生が、放課後の職員室を訪ねてきた。しばらくは小学校時代の思い出を話していたが、突然、「僕はどうして勉強ができないのでしょうか。真面目に授業を受けているのですが……」と言い出した。彼の表情に私は、言葉の裏にあるただならぬものを感じ取った。

結論的に言えば、高校受験に向けた授業や補習が、彼の自信を低下させることになっているのである。もちろん教師は、劣等感をもたせようとして学習指導を強化しているわけではない。それどころか、学力をつけることで、自信や意欲を高めようと考えているはずである。しかし、こうした扞格《かんかく》が小学校のころから繰り返されてきたとしたら、彼の学校生活は受難としか言いようがない。

したがって質問の本意は、勉強ができないということよりも、それによって自分自身の価値を見失いそうになる自分をどうしたらよいかという悩みであった。

子どもに学力をつけることは学校教育の責任である。ただ、昨今の学力論争が、学ぶということを知的成績をあげるという個別価値のみに傾斜させるならば、多様な能力の存在を認める学校風土は脆弱化し、学力の低い子どもは自分全体についての自信までも失うことになる。

自己主導型の自信形成

子どもたちは、学校生活のどのような場面で自信を低下させるのだろうか。ある調査によると、多くの子どもが「先生の質問に答えられないときに劣等感を感じる」と回答しており、この点を手がかりにして考えてみたい。

G・H・ミードは、価値意識の形成に「意味ある他者」による承認や肯定の必要性を強調しているが、児童期の子どもにとっては最たる他者が教師である。おそらく子どもは、教師の期待に応えられないと感じるとき、自己に対する肯定的な感情を低下させるのだろう。それゆえに私たちは、授業中に挙手できずにいる子どもに対して、どのような眼差しを向けているかが問われるのである。言動だけでなく、気持ちや無意識にもつ評価が、子どもの自己価値観の形成に影響力をおよぼすという事実に、教師はもっと自覚的でなければならない。

だが、それから一歩先に進むには、学ぶ手応えが実感できる学習が必要になる。それは、当人にとって意義あることで、同時に少々無理をしてやらなくてはならない課題に挑戦するという経験である。やればできるという自らの能力に対する信頼は、適度な負荷によって高まる。

しかしそれは、子どもにとって不安との戦いでもある。一見、自信は不安と対立概念のように受け取られるが、この両者は互いに分かちがたく結びついていて、相互に制約しあっている。だから、不安や緊張があったとしても、「やれそうだ」という予測を、子どもの心の中に持続させる教師のはたらきかけがどうしても必要になる。ただそれは、「頑張っているね」といった抽象的な言葉がけではない。子どもが自分で考えたり、努力したりしたことを認め、それを具体的に励まさなければ十分な効果は得られないだろう。

したがって教師には、授業によって知的作業を提供するというだけでなく、学ぶプロセスを通して子どもの心の動きを前向きに、肯定的に導くという役目がある。それは、他者依存型の自信形成から、自己主導型の自信形成へと変化する児童期にあって、ますます重要さを帯びてくる。

内面から自信を育てる授業

学習に関する自信が自分に関する自信と関連性があることは広く知られるが、低学力にある子どもの多くは、学習上のつまずきの要因として言語能力の問題をかかえている(1)。

そう考えれば、道徳の時間はどの教科の学習よりも自分を生かす要素が多い。それはこの時間が、論理的に物事を突き詰めるのではなく、自分自身との対話に重点をおくからである。つまりここでは、問いに対する答えは教師の側にはなく、子ども本人が握っていることに特徴がある。

サトシ（仮名）は抽象的・概念的な思考が苦手で、国語や算数の学習内容は、自分とはまったく別世界のものであった。これまでも担任は、放課後に個別指導をしてきたが、十分な成果が得られないまま、学習に対するマイナスの感情がサトシの心を支配していった。

ところが、四年生のときの担任の道徳授業によって、彼は目の輝きを取り戻したのである。その授業は、子どもの心の動きに寄り添いながら、その奥底にある思いを引き出すことに眼目をおいていた。こうした取り組みによってサトシの心は勇気づけられ、そこから学習への新たな意欲と自信が生まれた。そうなると、サトシの優しさや誠実さをよく知っている友だちには、道徳授業で語る彼の言葉が特別な重みをもって受け止められたのである。こうした友だちからの承認が、サトシの自信をプラスに導いたと言ってよいだろう。

ここでは、サトシのよさが生かされた道徳授業の一場面を紹介してみよう。

資料として用いた「花さき山」（ぶんけい）という話は、御存知の読者もあると思うが、ある場面のあらすじを簡単に述べておきたい。

――山菜を採りに行って道に迷ったあやは、美しい花が一面に咲く山を見つける。人間の優しさや健気さが花になって咲いていることを山姥から聞いて、あやは昨日のことを思い出しながら足下に咲いている赤い花を見た。

本授業は、自分が買ってもらうはずの祭りの晴れ着を、妹のために辛抱したあやの心情を追っていく展開である。

子どもたちの発言が出尽くしたところで、サトシの口から「いい話だなあ」という言葉がついて出た。その呟きを聞き逃さなかった教師は、すかさず「心のノート」を開かせ、そこに書かれた言葉をじっくりと黙読させた。子どもたちは、「人の美しい心にふれて心が動くのは、わたしたちの心の中に美しい心があるからです」のメッセージに出会い、自分の心の内奥にある美しい心を求める存在に気づいたのである。

自信は外から与えられるものではなく、子ども自身の内から育たなくては本物ではない。その意味では、自分づくりの要《かなめ》としての道徳授業を意識していくことで、子どもは教科学習の中からも、生きることに対して積極的な意義を見いだすことになるのである。

多様な生き方から学ぶ授業

道徳の資料や教科書に登場する人物の生き方から、子どもに憧れとか決意という内的促しを生じさせることができる(2)。そのような授業の積み重ねによって、自分なりの価値基準で自分に対する適切な評価と、自己の向上を認める見方を育てることが可能になるのである。

たとえば学級に、劣等感に押しつぶされそうな子どもがいるとする。ある理科の授業で、その子どもが昆虫に強い関心を示すのを知った教師は、ファーブルの少年時代を本やエピソードで追体験させるのである。尊敬や憧れを抱いた人がもった人間的な悩みや苦しみに触れることで、その子どもはそこに自分と同質のものを見つけるだろう。そして、「内省の問い」[3]に直面しているのは自分だけでなく、他者もまたそうであることを知るのである。同じ問いの前に立ち、それを乗り越えた他者との対話は、子どもに多くの示唆と勇気づけを与え、さらにそれは強い自己をつくりだしていく契機になるにちがいない。

自信を文字通り解釈すれば、「自分を信じる」ということになるであろう。生き生きと輝いた生活を送るためには、自分は自信をもって生きているという「自信」が必要であり、どの教科の授業もそのことにかかわる構成要素を含まなければならないのである。

註

（1）岸本裕史『見える学力、見えない学力』大月書店、一九九六年

（2）林敦司「道徳でがんばりをおしえる」『児童心理』二〇〇〇年一一月号、金子書房、八八頁。

（3）O・F・ボルノー（著）、森田孝・大塚恵一（訳編）『問いへの教育』川島書店、二〇〇一年、一八四頁。

第五話　自分らしさを育てる

ＳＭＡＰが歌う「世界に一つだけの花」（作詞・作曲槇原敬之）は、日本のポピュラー音楽を代表するヒット曲のひとつである。

ところで、この曲の歌詞が世代を問わず人びとの共感を呼ぶのは、じつのところ現代社会がそのような状態ではないことを端的に表している。もちろん、金子みすゞが「わたしと小鳥とすずと」の詩を創作した当時とは、社会的背景は大きく異なっている。がしかし、やはり現代社会が個を生かしにくい時代であることは間違いない。

考えてみれば、福沢諭吉が「門閥制度は親の敵で御座る」(1)と皮肉った封建時代にも、個性を発揮した人はいた。福沢自身がそうであったし、職人の仕事などにもそれらが多く見てとれる。やや乱暴な言い方になるが、窮屈さや行動を抑制する状況は、かえって人を個性的にするのではないかとさえ思ってしまう。いずれにせよ、このような性格特性は、自由やものの豊かさにそのまま影響を受けるわけではなさそうである。

ここでは、個が生きる集団づくりについて、文脈や人間関係を考慮した個別的アプローチを考えてみたい。

東洋的な自己と内集団

私たち教師は、子どもの「挨拶」や「発表」といった行為にその子のよさを見いだそうとするし、当然のこととしてそれを求めている。教育の現場にかぎらず、行為をそのまま「よさ」であるかのように見なすことは案外多い。

私たちが「よさ」を問うのは、もちろん「よく生きたい」からである。したがって、そうした願いを具体化したものとして行為をとらえてみてはどうだろう。おそらく、不断に「よさ」を問題にするという点においては、人間はだれもが同じである。ただ、それをどのような形にして表出するかといった点で、その人なりの固有性や独自性が現れることになる。

もっとも、こうした独自の個性は、他者との相互関係で生かされる。哲学者のドナルド・ムンロは、「東アジア人は、家族、社会、道教、儒教など、自らを取り巻くすべてのものとの関係のなかで自分自身を理解する」(2)と指摘するが、たしかに職場とか家庭といった状況を特定せずに、自己を規定するのは日本人にはかなり難しいことである。

西洋人が中心的な物や人に目を向けるのに対して、私たちは他者や集団との関係に多くの注意を払おうとする。所属する集団と同じものを目指し、集団の期待に応えようとする姿勢は、私たちが常に内集団（友人グループや職場の同僚）との調和や関係を重視していることを考えれば理解しやすい。

要するに、日本の学校の集団づくりに必要なのは、ものごとを文脈の中に置いて見る弁証法的アプローチということになる。

個を生かす共同体としての学級

以前、担任した子どもに、ヨシオ（仮名）という五年生の男の子がいた。活動的な性格で、挨拶、学習態度、委員会活動など学校生活のあらゆる場面で活躍が目立っていた。当然、どの教師からも高く評価されていた。

ところが、学級の子どもたちは、ヨシオのことを冷めた目で見ていた。彼が元気よく挨拶をしたり、気持ちを込めて音読したりすることには一応の理解を示すが、それを彼のよさとして受け入れようとしなかったのである。

その理由のひとつに、ヨシオのよさが、すべて教師の意向に添った行為、いわゆる「よい子」のパターンとして子どもからの目には映っていたことがある。

個のよさは自らが認めるとともに、他者からも認められてはじめて価値あるものとなり得る。つまり、「ヨシオ君の行為はたしかに先生にほめられることが目的かもしれないが、その根底にあるものは、やはり自分と同じようによく生きようとしているんだ」という受け止めが学級集団にできれば、ヨシオの行為は彼のよさとして認められ、仲間に受け入れられることになるだろう。このように行為とよく生きようとする心の高まりを結びつけ、肯定的な他者像を形成することが、個を生かす集団づくりの重要なポイントになる。

日常生活や学習活動の価値ある行為を通して、お互いがそれぞれよく生きようとしていることを認め合う、いわば、学級が互いのよさを追求する共同体としての役割を果たすことが要請されるのである。

人物眼を養う道徳授業

道徳授業についての意識調査で、「道徳の時間が好き」と書いた子どもに理由をたずねると、「今まで知らなかった友だちを発見できるから」と答えることがある。これは、道徳授業を通して、これまで気づかなかった友だちのよさに気づくとともに、そんな自分自身に喜びを感じている姿であると思われる。

道徳の時間は、道徳的価値の学習を通して、人間のもつよさや可能性の自覚を図り、人間理解を深めていく。そこから他者理解、自己理解を追求することを目指して行われる教育活動である。その意味では、道徳の時間の全体にわたって、人間のよさを見る目を養うことに配慮したい。

たとえば、伝記資料に登場する人物の生き方や行動を通して、その背景にある人間の心情の理解を意識した授業の展開を考えてみてはどうだろう。また、登場人物の晩年の言葉や後世の人々に与えた影響をもとに、人物像を探り、感想を交流することも、子どもたちは大いに興味をもつ。

こうした「人間を観る」学習によって、友だちのよさを見とる目が養われるとともに、広い視野から自己を見つめることで、自分のよさが他者から認められるために必要な課題も明確になると考える。

俳句で学ぶつながり

子どもが作る俳句には、大人が作る俳句に要求される機微や巧みさがないかわりに、物事にとらわれないストレートな発見や素朴な驚きがあふれている。以前、三年生が作った、

鬼は外よい子になった鬼は内

の俳句を読んで、子どもの心の内奥に宿る世界に改めて驚かされた(3)。どう考えても「よい子になった鬼」という発想は、大人には真似できるものではない。

俳句には多くの教育効果が期待できるが、子ども同士の「つながり」という観点から、とくに次の三点を強調しておきたい。

その一つは、わずか十七文字と短いので、日常感覚で作句と鑑賞ができることである。した

がって、教科学習の能力に左右されにくいし、どの子からも名句が生まれる可能性がある。二つ目に、「五七五」とリズミカルで馴染みやすいこと。もう一つは、作品を介して、友だちと関わりをもたせやすいことである。

ここでは、六年生の国語「学級句会を開こう」の授業から、①歳時記の活用、②吟行《ぎんこう》、③作句と推敲、④句会の順に、授業の中の子どもの感想を拾ってみたい。

①歳時記の活用

教科書の俳句を読み、歳時記の特徴や使い方について知る。

> 歳時記には、季語について説明してあるし、例の俳句が出ているので便利だと思いました。歳時記を持って友だちと俳句づくりに出かけたいです。

②吟行

身の回りの季節の変化を観察し、感じ取ったことを「俳句ノート」に書きとめる。

> いちょうの木や落ち葉などを見て、俳句を作りました。実際に見て作ると、いろんな発見がありました。友だちと競争しながらたくさんの俳句を作りました。

③作句と推敲

言葉選びや表現の効果を考えながら、前時に作った俳句を推敲し完成させる。

> 推敲して一文字変えるだけで、作った俳句のイメージがすごく変わりました。次の句会の時間が楽しみです。

④句会

学級句会を開いて、友だちの作品を味わうとともに、好きな俳句を選んで投票する。

> 同じ八つ手の花を見ても、俳句はどれもちがっていました。みんなが上手に作っていたので、好きな俳句を選ぶのにすごく悩みました。

教育活動に俳句を取り入れて、六年が経過した。思い出すのは、自分の気持ちをうまく表現できなくて、友だちとの関係に悩んでいた女の子のことである。俳句という最短定型詩に出会い、彼女は大きく変わることができた。自分を表現する方法を手に入れたことで、その子の感性は集団の中で活躍する場を得たのである。

この女の子にかぎらず、当初は「五七五があるので難しい」と嘆いていた子どもたちが、今では「五七五があるから、気持ちを表現しやすい」と、俳句の見方を大きく変化させた。

また、俳句に親しむことで自然の小さな動きに敏感になり、友だちとの関わりも丁寧になってきた。まさしく、川端康成が「四季折々の美に、自分が触れ目覚める時、美にめぐりあふ幸ひを得た時には、親しい友が切に思はれ、この喜びを共にしたいと願ふ」[4]と語った言葉に要約される。

いずれにせよ、子どもたちは月一回の「俳句の日」になると、自分の感じたままを十七音に凝縮して表現し、それを友だちと味わうことを楽しんでいる。

*

近年、医学や生物学の分野では、ＤＮＡの配置には変化を起こさないで遺伝子の機能を調整するエピジェネティクス（epigenetics）に注目が集まっている[5]。

この学説に従えば、身体だけでなく精神機能のかなりの部分も、祖先から受け継いだものである。ただし、それらは潜在的な状態であることから、祖先が獲得したときのような刺激がないと発現されない。

友だちとの具体的な相互作用を通して、脳内のニューロンは他者とつながる回路を作ることになる。そうした集団の中で、子どもたちの「もともと特別なOnly one」は存分に発揮されるのである。

註

（1）福澤諭吉『福翁自伝』慶應義塾大学出版会、二〇〇一年、九頁。

（2）リチャード・E・ニスベット（著）、村本由紀子（訳）『木を見る西洋人　森を見る東洋人』ダイヤモンド社、二〇〇四年、六五頁。

（3）山本勝敏「子ども俳句という世界」『尚徳』教育振興尚徳会、二〇〇九年、六頁。

（4）川端康成『美しい日本の私』講談社現代新書、一九六九年、一一頁。

（5）佐々木裕之『エピジェネティクス入門』岩波書店、二〇〇五年、二―三頁。

JASRAC出　1402740-401

第六話　思いやりの心を育てる

親や教師であれば、だれもが子どもに「やさしさ」を願うにちがいない。その意味では、本章のテーマは洋の東西を問わず古今を通じて、教育において広く定着し、承認されている目標といってよい。

ところで、星野富弘著『新編　風の旅』という本の中に、次のような詩が載っている(1)。

結婚ゆび輪はいらないといった／朝顔を洗うとき／私の顔を／きずつけないように／体を持ち上げるとき／私が痛くないように／結婚ゆび輪は／いらないといった

今レースの／カーテンをつきぬけてくる／朝日の中で／私の許に来たあなたが／洗面器から冷たい水をすくっている／その十本の指先から／金よりも銀よりも美しい雫が落ちている

私たちは、この詩のどこに心を惹かれるのだろう。詩の感じ方や味わい方はひとしなみではないが、その感動の奥にあって共通するものは、妻のやさしい気持ちや行為を美しいと感じとる星野さんの「やさしさ」ではないだろうか。

学校で掲げられる目標は、ややもすると個人が行う一方向の行為をイメージしている場合が多いが、ここではとくに、学校で「やさしさ」の共感をどう図るかという観点から考察してみたい。

「さむいギャグ」はあたたかい

教室で交わされる冗談は、授業中の知的緊張をほぐすだけでなく、教師と子どもが心を通い合わせる瞬間をつくりだす。筆者も授業中にそうした間《ま》の効果をよく用いるのだが、その反応は対象者の年齢によって大きく異なる。

中学年までの子どもが「さむっ」と言うのは、実際に自分がそのギャグを面白くない場合であるのに対して、高学年の子どもは、教師の意図や場の雰囲気を察して「さむっ」と言うようになる。このように、「さむいギャグ」がギャグとして成立するということは、集団の中にお互いを気遣うあたたかい関係が意識されていると考えてよい。

やさしさと開連の深い動機に共感性（empathy）がある。共感性とは、相手の喜びや悲しみを自分のものとして相手と一体になって受けとめようとする心情や能力のことであり、感性と知性を含む統合的な精神的態度のはたらきである。E・シュプランガーは、「他者の心の動きは、自己の体験に照らしてしか理解できない」[2]と述べているが、自分の生活体験が深く、かつ広ければ、それだけ他者をよく理解できる。したがって、子どもにやさしさを育てようと思えば、共感性を育てるための感情体験を豊富にすることがどうしても必要となるのである。

一方で、子どものやさしさの行動を考えるときに、感性との関係を無視することはできない。もとより、感性は人類の進化の歴史を生き抜いた結晶であり[3]、「やさしさ」もこの過程で備わった特性の一つであると考えられるからである。

その意味では、やさしさを育てる指導は、「教える」とか「身につける」というものではなくて、内にあるものを「目覚めさせる」と考えた方がよい。

教科書の中の「やさしさ」を読む

やさしさを基調とした物語は、日本の教科書が最も好むテーマであり、他の価値と比べても断然トップの出現率である。

では、そうした教材の中のやさしさをどう教えるのだろうか。二年生の国語の教科書(東京書籍)に使われている「かさこじぞう」を例に考えてみたい。

この教材を扱う場合、じいさまが地蔵様に笠をかぶせる場面を中心に指導することが一般的である。動作化を用いながら、「お気のどくにな。さぞ、つめたかろうのう」と、雪にうもれた地蔵様に笠をかぶせるじいさまの気持ちを子どもたちに想像させるのである。

ところが、案外見落とされているのが、ばあさまの存在である。手ぶらで帰ってきたじいさまに、ばあさまは「かさこは売れたのかね」と聞く。じいさまは、「じぞうさまに、かさこをかぶせてきた」と答える。教室に緊張が高まる場面だが、そこでばあさまの、「それは、ええことをしなすった。じぞうさまも、この雪じゃさぞつめたかろうもん」の言葉が生きるのである。子どもたちは、ばあさまのこの言葉にホロリとし、やさしさの根源的な感情を心底から実感することになる(4)。

このような視点から教材を読んでいくと、授業に共感性を育てる機会を多様につくりだすことが可能になる。もちろん、他人の気持ちなどはそう簡単につかみとれるものではないし、発達段階においてもその方法は異なるだろう。ただ、他者とのあたたかい接触を積極的に求めようとする能力は、本来、人間という種に生得的にそなわったものであり、問題はこのような特性をどう発揮させるか、というのがこれまで述べてきた論旨である。

要は、他人の気持ちに関心を向け、相手の立場や気持ちを思いやる想像力を育てることに、私たち教師がどれだけ意を払っているかということが問われるのである。

道徳で「やさしさ」を育てる

ここでは、四年生に行った道徳授業をもとに、学校で育てる「やさしさ」の具体的なイメージをさぐってみたい。少し長くなるが、道徳資料「ようこそ　ようこそ」の中心場面を抜粋する(5)。

一日の仕事を終わらせて家に帰る源左は、田んぼ道にさしかかったところで、赤ん坊の泣き声に気づいたそうな。どうしたことかと辺りを見回すと、赤ん坊の近くで、母親らしいあねさんがいそがしそうに田んぼの草を取っておる。びっくりした源左は「ややも泣いとるに、早よう家につれて帰ってやったがええがのう。」と声をかけた。すると、あねさんは、「ここだけは取っておかんと、あしたが困るんで……。」と草を取りながら返事をした。

その夜、お月さまが高くのぼっても、源左は家にもどらんかった。心配した家の者があっちこっちをさがすと、暗い田んぼの中で、ひとりでせっせと草を取る源左がおるではないか。おどろいた家の者が、「おじいさん、よその田んぼの草をそんなきれいに取らんでもええがな。」と言うと、源左は、「そんな気の小さいこと言わんでもええ。困っとる人がおるときには、自分の田んぼよその田んぼの区別はないだけのう。」と言って、草取りをつづけた。

田んぼをすっかりきれいにして帰ってきた源左は、遅い晩飯を食べながら、「今日は、また大もうけをさせてもらった。ようこそ ようこそ。」と家の者に話したのだったと。

この資料を読んですぐに、「源左という人は、バカじゃあないか」と感想をもらした子どもがいた。彼にとって「本当にこんな人がいたのか」という素朴な驚きがこのつぶやきになったと思われる。そこで教師が、「では、源左のことを、今も多くの人が語り継ぐのはなぜだろう」と切り返して問うと、彼はじっと考えこんでしまった。

話合いの中心部分では、源左が言った「大もうけ」の意味を学級の子どもたちに考えさせた。子どもたちの多くは、「やさしくできて気持ちがよかった」とか、「喜んでもらえてうれしかった」などと発言し、源左の行為を支えている思いや考えに自分の気持ちをはせていった。

翌日、源左のことを「バカじゃないか」と言った子どもの日記には、初発の感想とは一転して、「神様みたいな人」と書かれていた。この子どもの心の内奥には、源左の生き方に憧れる気持ちが「やさしさ」の拠りどころとして生きつづけていくであろうことを確信した。

このように、実在の人物を扱った感動的な資料を道徳授業に用いることで、これまでの自分のやさしさ体験が道徳的価値の観点から自覚され、内面的資質としての道徳的実践力にまで高められるのである。

異年齢交流で「やさしさ」を学ぶ

友だちとの関わりにおいて、相手の気持ちをイメージできるということは、やさしさを育てるうえで重要なポイントになる。とくに、他人の気持ちに対する共感性を高めるという視点から、異年齢の交流に目を向けたい。

たとえば、異学年で構成されたグループで校外に出かけ、季節とともに変転する山川草木に触れながら、そこで感じた気持ちを短歌や俳句にするという活動にして、これを定期的に行ってみるのはどうだろう。

体験は、その行動が相手や周囲の人との関わりをもつところに特徴があるが、自然から感じ取るさやかでやさしい感覚は、豊かな言葉で表現され、伝え合われることでいっそう共感を呼ぶことになると考えられる。こうした言葉を用いた異年齢の交わり体験が、子ども相互の心のつながりをより深いものにするのである。

さらに異年齢の枠を広げて、異校種間の交流を試みてみたい。

山間《やまあい》のある小学校では、高学年の子どもたちが、地元にある実業高校の生徒から林業の仕事を教わるという活動を通じて、社会のあり方や自然界との接し方を学んでいる。

高校生は、枝打ちや間伐材の伐採など自分たちが学んできた技術を、小学生にわかるように、しかも安全に作業できるように気を配りながらていねいに教えるし、小学生は、高校生が自分たちに注いでくれるやさしさを肌で感じながら慣れない手つきで鋸を使う。

言うまでもなく、山での作業は危険をともなう。演習林の足場は急斜面であるし、いつ自分の方に木が倒れてくるかわからない。当然、作業中は緊張感が高まり、まさに手に汗を握る活動となる。

一方、昼食時は高校生と一緒に焼いたイワナを食べながらの楽しい時間である。こうして日常から離れ、自然の中で緊張感と団欒が織りなす時間を異年齢の子どもたちが共有するのであるが、それが自ずと他者を気遣い、やさしさを育てることにつながっていることは確かである。いずれにしても、現代の子どもたちが直面している異年齢集団による交流や遊びの減少は、他人の気持ちに対する共感性を養うということにおいて重大な課題を投げかけている。

*

学校という場に限定して考えたとき、他者を気遣い、だれに対しても常にやさしい視線を向けている教師のもとで、人と友好的に関われる子どもは育つと思われる。当然のこととして、そうした子どもたちの対人行動は「思いやり」や「やさしさ」を示す行動が多くなるはずである。であるとすれば、子どもにとって「やさしさ」をはぐくむ最大の環境は、疑いなく教師であることを確認しておきたい。

註

（1）星野富弘『新編　風の旅』学研パブリッシング、二〇〇九年、八〇頁。
（2）村田昇『「畏敬の念」の指導』明治図書出版、一九九三年、一二〇頁。
（3）井口潔「心の成長生理の仕組み」『ヒトの教育』小学館、二〇〇六年、一九頁。
（4）柳田国男『柳田国男教育論集』新泉社、一九八三年、一二二頁。
（5）本書第Ⅱ部3　道徳資料3

第七話　リーダー性を育てる

ずいぶん前のことになるが、管理職のリーダーシップが話題になったとき、同僚の「子ども時代に、遊びを決めていた者が校長になるべきだ」という論に納得したことがある。少し乱暴な表現ではあったが、じつに言い得て妙である。

かつてどこにもいた「ガキ大将」は、良くも悪くも集団をまとめるための人間的魅力と知恵をもっていた。子どもたちはそうしたリーダーのもとで遊びのルールをつくったり、それを遵守したりしながら社会性を身につけてきたのである。ところが現代の子どもを取り巻く環境は、そうした「群れ遊び」の機能を奪ってしまった。リーダーがいなくなったというよりも、子どもも社会にリーダーが必要なくなったのである。

こうした問題に対して、ハーバード大学のサンデル教授が行っている対話型の講義に私は注目している(1)。というのも、学生たちが真剣に正義の問題に向き合い、自分自身で考え抜き、他者の議論に敬意を払ってしっかり聴くという講義のスタイルは、「群れる」場づくりのひとつの有力な方法と考えるからである。

ここでは、伝記や物語から取り上げたリーダー像を題材にしながら、対話を用いた弁証法的な授業の構想について考察してみたい。

日本人の求める正義とはなにか

ところで、日本人にとって正義はどのような意味をもつのだろうか。子どものテレビ番組に「正義の味方」のヒーローが登場することはあっても、日常においてこの言葉を使うことはほとんどない。それどころか、声高に正義を主張することの違和感のほうが私たちにははるかに強いといえる。日本人に正義の感覚が乏しいということではないが、大義を問題にしてきたこの社会には、「正義」の文字になにか胡散臭さがつきまとう。

それでは、私たちは正義をどのようにとらえればよいだろうか。『広辞苑』（岩波書店）には、「社会全体の幸福を保障する秩序を実現し維持すること」と、「社会の正義にかなった行為をなしうるような個人の徳性」の二つの意が書かれている。もちろん、これらは明確に区分できるものではないが、両者が社会的な認識能力と人間愛を基本にしていることは確かである。

また、道徳の指導内容に「正義」の文字が現れるのは小学校高学年である。『小学校学習指導要領解説　道徳編』には、「だれに対しても差別をすることや偏見をもつことなく公正、公平にし、正義の実現に努める」と示され、いじめなどの身近な差別や偏見に気づき、不正な行為を許さないという態度を育てることが求められている。このことから、我が国の学校教育が教える「正義」は、民主主義社会の基本的な価値である社会正義を実現する力であることがわかる。

これまでは、無意識のまま共有されてきた日本人の正義の感覚は、社会の変化にともなって養われにくくなっている。NHK教育テレビで放送された「ハーバード白熱教室」が日本人に大きなインパクトを与えた理由は、こんなところにあるのではないだろうか。

偉人から学ぶ力

これまで多くの先哲が、「古今のすぐれた人物に学ぶこと」をリーダー養成の条件にあげている。それは、抽象的な理論に導かれるよりも、個別具体的人間に出会ったときのほうが現実的な力を得やすいからであろう。

ただし、唐突に人物を扱っても子どもの心を動かすことはなかなか難しい。まずは人物から学ぶための心の支度が必要になる。たとえば、朝読書の時間に伝記を読み聞かせしたり、教科の学習に歴史上の人物を登場させたりして、子どもたちが多様な人物像に触れる機会を多くもてるようにするのも効果がある。

朝読書の時間に、二宮金次郎の伝記を読み聞かせした後のことである。休憩時間に子どもたちが金次郎像を囲んでいたので、どうしたのかと聞いてみると、銅像が持っている本に「大学」と書いてあるというのである。

翌日、金次郎が古典の『大学』を愛読したことを話してから、「金次郎が各地の農村を復興できたのはなぜだろう」と問いかけ、金次郎のリーダー像について考えさせた。子どもの多くは、貧窮にもめげず必死にはたらき、勉強した少年時代に目を向けたが、なかには「金次郎が読んでいた『大学』に答えが書いてあるかもしれない」と発言する子もいるなど、善き生に関する問題を真剣に考えていた。各地の疲弊農村を復興させた二宮金次郎の精神とリーダーシップは、子どもの心に強烈に残ったようである。

授業の終わりには、渋沢栄一の「左手に論語、右手に算盤」を理想に生きた姿を子どもたちに語るとともに、論語の「士は以て弘毅ならざるべからず」や、「君子は諸れを己に求む。小人は諸れを人に求む」をクラスで素読した。

道徳授業で扱う伝記

ここでは、古今東西の卓越した人物と内的な対話を交わし、そこに脈動する正義の感覚を取り入れる道徳授業を紹介してみたい。

自分への問いかけや他者との対話を導く授業づくりには、生き方の目標が見いだせる人間的魅力の溢れる人物を描いた資料が必要になる。たとえば、盲目の大学者塙保己一《はなわほきいち》を題材にした「ヘレン・ケラーを発奮させた日本人」(2)を、五年生の授業に用いたときのことである。

資料を読んだ子どもたちは、主人公の生き方を感動的に受けとめたが、関心の多くは盲目という困難に負けずひたむきに学問する姿であった。したがって、中心場面で「保己一の心に生まれた決意とは何だろう」と発問しても、主題である「世のため人のために生きた美しい心」に迫ることはできなかった。

ところが、その授業の四か月後、全校児童に「なぜ人間は勉強するのか」を聞いたところ、「世の人のために勉強する」と五年生は答えたのである。失敗と思っていた授業の主題が、はからずもそこに生きた言葉として子どもの口から語られたことに私は驚かされた。

この事実は、道徳的価値の大切さを子ども自らが納得し、それがその子にとって意味あるものになるには、登場人物との感動的な出会いと対話、さらにはその価値を醸成する時間が必要であることを暗示している。

また、既成の資料を通覧すると、正義を主題にした伝記資料には、キング牧師の「マーチン少年の夢」(文溪堂)や、「どれい解放の父・リンカーン」(学研)などがあり、子どもたちに正義について考えさせるには効果がある。ただし、正義をあまり狭くとらえるのではなく、なるべく多くの伝記資料から多様なリーダー像や正義の感覚を学び取らせたい。

たとえば、高学年の子どもに人気のある資料に、「勝海舟」(学研)や「伊能忠敬」(文溪堂)がある。これらの資料は直接「正義」の内容を扱っていないが、自分の打算や利害を乗りこえ、広い視野に立って国や社会の発展を願う心を考えさせる作品であり、大局を動かすリーダーシップに共通する素質を読み取ることができる。

こうしたリーダーたちがもった関心や悩みに触れることで、子どもたちはそこに現在の自分と同質のものを見つけ、自分への問いかけをいっそう深めるだろうし、同じ問いの前に立ち、それを乗り越えた人物との対話から、多くの勇気と示唆を受けとることになる。

それを可能にするのが、「今に見ていろ　ぼくだって」と自分自身を奮い立たせるエネルギーを秘めた資料である。いわばそれは、リーダー育成には欠くことのできない要素であり、伝記資料の持ち味はこの点に集約されるといってよい。

伝記資料を活かす授業展開

子どもたちは、どうなるかわからない未来に自らを投じた偉人たちの覚悟の営みを、あたかも自分が同時進行形に生きているかのように追体験する授業を求めている。

そうした子どもの心の求めに応えるために、本田宗一郎の著書(3)を道徳授業用に再編成して、次のような道徳授業を考えてみた。

■授業の前

①丸ごとの人間像をつかむ

本田宗一郎の左手のスケッチ絵をもとにその生き方に関心をもたせるとともに、図書やインターネットなどを使って本田宗一郎について調べさせる。

■授業中

②生涯を貫いたものに目を向ける

子どもたちがもった様々な本田宗一郎像をもとに、主人公の生涯の行動を支えたものについて考えさせる。

③自分自身との対話を深める

Ｆ１への挑戦を宣言した主人公が、従業員たちに向かって語った言葉の意味を考えながら、「なぜ従業員たちが必死に技術をみがいたのか」について話合わせる。

④「その後どうなったか」に触れる

町工場ホンダを「世界のホンダ」と呼ばれる大会社に築き上げたことを紹介しながら、本田宗一郎の人柄を表すエピソードと、その生き方が人々に与えた影響に触れて授業を終わる。

■授業の後

⑤顔写真と言葉を掲示する

授業に使った顔写真と、「チャレンジしての失敗を恐れるよりも、何もしないことを恐れろ」の言葉(4)を教室に掲示し、本田宗一郎との出会いを子どもの心に印象づける。

＊

サンデル教授は、「正義にかなう社会をつくるにはどうすればよいか」の問いに対して、三つの視点から正義を見ている。そのひとつの「正義には美徳を涵養することと共通善について判断することが含まれる」という主張のなかに、「リーダー像」と「正義」という二つのテーマを共存させるヒントがあるように思われる。

最後に強調しておきたいのは、自らの生き方を貫いて駆け抜いたリーダーたちの完結した人生は、理屈抜きでカッコイイということである。

註

（1）マイケル・サンデル（著）、鬼澤忍（訳）『これからの「正義」の話をしよう』早川書房、二〇一〇年参照。

（2）本書第Ⅱ部3　道徳資料1

（3）本田宗一郎『私の手が語る』講談社文庫、一九八五年参照。

（4）押谷由夫（監修）「自分をはげます」『心に響くあの人のことば』学研教育出版、二〇一〇年、一二頁。

第八話　責任感を育てる

キリギリスの責任

「無責任なのが子どもですよ」

筆者の疑問に同僚はこう結論づけた。確かに、自分自身の学級経営を振り返っても、ここで扱うテーマを満足させる取組は案外少ない。

子どもたちの学校生活には、動植物の世話や当番の仕事など責任をもたされる場面は多いし、「責任をもちなさい」の言葉は教師の常套句にもなっている。ただ、冒頭の声に象徴されるように、われわれの意識の底流には「子どもは無責任でも仕方なく、自分の言動に責任をもてるようになれば一人前」の考え方があるように思われる。このことから、教師の側に本来的な「責任を育てる」ことの感覚は少なく、子どもに役割を担わせるときの意識づけや叱責として使われることが多い。

ところで、日本とアメリカの教科書に描かれているイソップ童話「アリとキリギリス」にはそれぞれのお国柄があらわれている(1)。同じ童話や寓話でも、国によってそのストーリーが大きく変わるといわれるが、この話には責任についての考え方の違いが出ていて興味深い。

アリが働いているのを横目に、歌って楽しく暮らしていたキリギリスが、冬になって空腹と寒さに震えるところまでは両国とも同じ展開である。ここで、日本の教科書には「お寒いでしょう。暖まって食事をしていってください」と優しいアリが登場し、キリギリスの責任は曖昧になってしまう。アメリカの教科書にはキリギリスが食べ物を請う場面はない。夏の間を遊んで過ごし、食べ物を蓄えておかなかったことを後悔して、「これからは冬にそなえて準備しておこう」と誓いを立てるのである。そして、春が来るとそれまでの生活を改め、いそいそと働くようになる。

教科書に取り上げられる内容には、その時代や社会で大事に考えられている価値が、見えないカリキュラムとして含まれているといわれる。自己責任の原則が徹底しているアメリカの教科書では、自分が勝手に遊び呆けた結果、苦境に陥ったとしてもそれは自分で責任を取るべきことであるという考え方を強調している。それとは対照的に、日本の教科書には温かい人間関係を描いたものが多く、アメリカのようにダイレクトに責任を追及する内容は見あたらない。あえていえば、役割社会の一員としての「つとめ」にその所在を垣間見ることができる。

これまで述べてきた観点を踏まえて「責任」とは何かを考えるなら、マズローのいう「自分の実存を個性化し、現実化するその仕方に対して責任をもてる主体的な存在」(2)としての人間が、自分自身の主人公として自己を発展させていくことを可能にする力であるということができる。生成する過程の中にあるわれわれは、自らの人生をよりよく生きていくということに対して究極の責任をとらなければならないのである。

ライフスタイルや価値観の変化は、わが国の伝統的なしつけの軸を揺るがせ、現代社会にさまざまな病理現象を生み出してきた。社会規範の脆弱化とともに「自己中心的」人間が横行するようになった現在、日本のエスノ心理学(ethno-psychology)(3)の役割と、自己責任を貫く指導理念を共存させる必要性に迫られている。

子どもに求める責任とは

カズオ(仮名)の自己中心的な言動は、教師の間でよく話題になっていた。掃除の時間にぼんやりしていて何もしなかったり、友だちが待っていても気にかけないでいることが多い。また、学習課題に対して深く考えようとせず、「わからない」で片づけてしまうこともよくある。

共働きの親に代わってカズオの世話をしている祖母は、彼が要求する前に先回りしてそれに応じるという養育をしてきた。その結果、カズオは何もかもを人に頼るようになり、すべてを他者に責任転嫁する態度を身につけてしまった。つまるところカズオの言動には、幼児性から脱却するためのトレーニングが十分になされていないことに起因する、「自己責任能力」と「洞察力」の未発達という問題がある。

それでは、子どもに求められる「責任」とは、具体的にどのようなものをいうのだろうか。学習指導要領解説の道徳編を繙《ひもと》きながら考えてみたい。

小学校の指導に、「責任」の文字が見られるのは高学年の内容である。ここには「身近な集団に進んで参加し、自分の役割を自覚し、協力して主体的に責任を果たす」とあり、責任をもつということが、主として社会とのかかわりの中で身につける指導内容として示されている。とりわけ、係活動やクラブ活動、遊び仲間など、全体の動きが自分にどのようにかかわるかを体得できる小さな集団における責任ある行動を求めている。

また、意志的・自律的な価値としての「責任」が強調されるようになるのは中学校の内容である。「自律の精神を重んじ、自主的に考え、誠実に実行してその結果に責任をもつ」の指導内容が明示するように、この段階では、自ら考え、判断し、実行し、自分の行為に責任をもつことで、道徳的自覚に支えられた自律的な態度を身につけることが要求されている。「自らの責任で自らを律することができる」という感覚は、その子どもに大きな自信を与え、肯定的な自己像をつくる重要な要素になるはずである。

このように指導要領をつぶさに読むと、児童期においては温かい人間関係をはぐくむ中で「役割」としての責任感を育て、アイデンティティの獲得を発達課題とする青年期になると、自立心や強い意志に見られるような「責任」を強調していることがわかる。

タカシ（仮名）のつぶやき――責任と務め

タカシは明るくて行動的な少年である。夏休みが間近になったある日、彼の母親から相談をもちかけられた。四年生になったタカシは、これまでのように親のいうことを聞かなくなり、宿題をしないで遊びに行く、約束は守らない、祖母に反抗するなど、その対応に困っての来談であった。聞いている限りではギャングエイジの現象のように思われたが、タカシが四年生になって勤めに出るようになった母親には、わが子の急変が自分の責任のように感じられたのであろう。「長い夏休みを、こんなことでは世話はできない」と姑にせきたてられ、彼女の悩みはますます深刻になるばかりであった。

しばらく様子を観察してみると、確かにわがままな行動が散見され、当番の仕事よりも遊び優先、学校や学級の決まりなどお構いなしという感じである。そこで、担任にタカシの日常生活や友だち関係などについて聞くと、意外な答えが返ってきた。教師にとっては問題視されているタカシが、友だちにはけっこう人気があるというのだ。続いてその理由をたずねると、学級の子どもの多くが、彼の責任ある行動を支持しているという。

この事例から理解できることは、教師が子どもに期待する責任（responsibility）の多くは、子どもにとっては教師から負わされた務め（obligation）でしかないということである。そしてその務めに対して忠実であるかどうかは、子ども同士の評価の対象にはなりにくいということもわかる。たとえば、台風の大雨の中を約束を守って遊びに来てくれた律儀な行動から、友だちはタカシのもつ「責任」を感じ取っているのである。

そしてタカシの、「だって、お手伝いはお母さんが勝手に約束させたことなんだ」のつぶやきは、彼らの心にある責任の萌芽を覚醒することなく、大人の都合で責任を押しつけようとする親や教師に対する不満の声でもある。子どもに責任を問う前に、われわれ大人はこの点について大いに反省してみる必要があるのではないだろうか。

無責任から責任への修正過程

教師や親の目からは、一見して無責任と見られる言動も、子どもの発達に伴って変化し、また、それは必ずしも望ましくない言動のあらわれでなく、子どもが成長するうえで獲得しなければならない発達課題も含まれる。つまり、子ども時代の「年齢相応に無責任」であることは、発達上重要な意味をもっている。

ここで、若干具体性をもたせるために、前述した二人の対処の仕方について考えてみよう。

カズオに対しては、周りの大人の姿勢をサービス過剰型から見守る構えへと改めることが緊要である。ここでいう「見守る」ということは、何もしないでいるということではなく、自らの判断でその場面に適切な行動をとり、不適切な行動を抑制することを身につけさせるようにはたらきかけるということである。そのためには、毎日なすべきことをなしとげていくための役割をもたせなければならない。玄関掃除や食器洗い、係や委員会の仕事を実行させることで、集団の一員としての存在感を深めたり、人間にはギブ・アンド・テイクの関係があることに気づかせたりすることができる。カズオのような子どもには、活動する場や時間を確保してやることを中心に考えなければならないだろう。

次に、タカシの指導について考えてみよう。

彼には、家庭で担わされている仕事として風呂掃除がある。以前タカシ自身が「何か仕事をもちたい」と強く要望したことから、家族で話し合って決めた仕事である。しかし、その責任を果たすことはほとんどなく、事実上、祖母の仕事になってしまっている。

そこで、自分が家族のために何かしようと思った心の意味を深く考えさせるとともに、責任が果たせなくて家族に迷惑をかけたことや、反対にがんばって喜ばれた体験を想起させることにした。そして、「きれいな風呂に入ったら、仕事の疲れがとれた」など声をかけることで、したいことをがまんして責任を果たした自分に満足させるとともに、責任の重さを実感させるようにしていった。このように心に感じたり考えたりする機会をもつことで、タカシのわがままはある程度おさまり、生活にも落ち着きが見られるようになった。

さらに、両児に共通する指導の方法としてグループ・エンカウンターを試みてはどうだろう。ホンネを表現しあうグループ体験によって、自分のわがままな言動が他者にどのような影響を与えているかということに気づかせることが期待できる。また、新しい行動の仕方、新しい考え方や受けとめ方を学習することによって、これまでとは違った視点から自分のもつ責任の重みを認識することも可能になる(4)。身の回りにあるさまざまな責任に気づかせたり、それを担っている人がいることに感謝させることは大切な視点であろう。

体験から学ぶ責任

思い起こしてみると、かつての子どもは遊び仲間の中で人間関係にもまれ、そこで責任ある行動を身につけてきた。現代の子どもは群れ遊ぶことがほとんどなくなったといえるので、責任をもつということを学ばせるには、身近な事象とのかかわりや集団の中での体験を通して身につけさせるのが効果的である。

子どもには、責任が果たせなくて気持ちがすっきりしなかったり、責任を果たして家族や友だちに喜ばれて嬉しかった経験がいろいろとあるはずである。そのときの気持ちを振り返り、その意味を考えることで、自分の行いが他者にどんな結果をもたらし、どんな影響をもつかを意識させることが指導のポイントになる。

とくに、社会体験や勤労体験を重視する総合的な学習の時間においては、子どもたちが責任をもって役目を果たす活動が数多く生じてくるだろう。また、課題追究を行う際に、ともに学ぶ姿勢や社会のルールなどを、学校とは異なる雰囲気のもとに多くの人から学ぶこともできる。

このような体験を単なる活動として終わらせず、子どもの内面の深いところで責任の大切さを自覚させることが大切である。そのためには、日常生活のなかに、責任の担い手となるための下稽古を準備しなければならない。

親や教師は「無責任はダメ」と教えるだけでなく、子ども自身が「責任をもつ」ということを、体験的に学んでいけるような援助をしていくことが求められる。

＊

二学期の始まったある日、六年生の子どもたちに『山の郵便配達』(5)という本を読んで聞かせた。「山奥の村々を重い郵便袋を背負い、手紙を届けてきた郵便配達員がいた。引退を迎えたその日、彼は息子を連れて最後の仕事に出る」という物語である。

読み聞かせの後に、「なぜ、最後の仕事に息子を連れて行ったのだろう」と問いかけ、仕事、人生、親子について話し合った。子どもの感想の中に、「父は自分の仕事を見せて、責任をもって生きることの大切さを教えようとしたのだと思います」とあった。

責任のもてる人間になるためには、責任ある行動をする大人から学ぶのが一番の近道である。自らの人生観や倫理観を子どもたちに披瀝し、彼らに責任ある言動を教えるのが責任ある大人の務めではないだろうか。

註

（1）今井康夫『アメリカ人と日本人』創流出版、一九九五年、三六―三七頁。

（2）R・J・デカーヴァロー（著）、伊東博（訳）『ヒューマニスティック心理学入門』新水社、一九九四年、一九頁。

（3）臼井博「日本の子どもの課題解決の構えと認知スタイル」『新・児童心理学講座』金子書房、一九九一年参照。

（4）國分康孝「過保護の心理と病理」『親ごころ・子ごころ』金子書房、一九八八年参照。

（5）彭 見明（著）、大木康（訳）『山の郵便配達』集英社、二〇〇一年参照。

あとがき

子どもは「褒め」て「教え」なければならない、というのが現代の教育論の主流にある。たしかに、大人からの過ぎた気遣いのもとに、手取り足取り教えられて育った現代っ子たちには、こうした指導が効果的なのかもしれない。ただ私が疑問を覚えるのは、果たしてこの方法が真に人間を育てる教育となり得るか、ということである。

ところで、我が国の伝統的な教育にはこれとはまったく反対のシステムが存在した。その代表格が内弟子制度や徒弟制度である。ここでは、住み込みで師匠や親方の身の回りの世話をしたり、家事などの雑用をこなしたりしながら学ぶのである。かつての芸人や職人はこの制度のなかで育てられたし、こうした学び（修業）を経てはじめて本物の芸能や技術が身につくとされた。

ここでは「褒めない」教育や「教えない」指導が原則となっていて、学ぶ者の切実な意欲こそが絶対的な前提とみなされた。いわゆる「芸を盗む」という言葉に象徴される、学ぶ側の自発性や能動性の契機が重視された教育システムである。いったいこうした学問には学習者がもつ「志」や「心の構え」が何よりも重要であり、そのような学びが「人物をつくる」ことと同じ文脈の問題であるとされたのである。

何はともあれ、本書に取り上げたテーマに、読者のみなさんはいささか隔世の感をもたれたかもしれない。とりわけ、いま日々待ったなしでおこなわれている学校現場からは、そんな悠長なことを言っている場合ではない、という声が聞こえてきそうである。また、学校が制度化される以前の教育をもち出して、いったい何がわかるのか理解しにくいとも思われる。ただ、近代学校の普及と引き替えに、我が国が受け継いできた学びの縦糸を失ってしまったことは否定できない。国民の気質を退嬰《たいえい》的にし、若者から新しい時代を自分の手で切り拓こうとする意志を失わせてしまったことは、そのことに大きく関係があると思われる。

このような課題意識をもとに、江戸時代の教育が学問をする主体の形成に重点をおいたことに着目し、そこにある学びの実態と学習方法をときあかしてみようと考えた。それによってその背景にある精神土壌や思想を、いまの学校教育に新しいかたちで取り入れる独自の視点をもつことが、私が意図したところである。

そもそも教育をどのような視点からとらえるか、その取り方でアプローチの方法は違って当然である。そこで本書では、道徳教育に目を向けて、いまの学校教育を透視してみることにした。道徳がいつの時代にも教育の目的として位置づけられたことから、伝統的な教育の論理と現代の教育的諸事象との対比がしやすいと考えたからである。

もっとも、戦後の道徳教育にはその推進力を阻む根深い問題が存在するのも確かである。たとえば、教師の多くがもつ「道徳授業に教育効果があるのか」の疑問や、子どもたちの「道徳授業がつまらない」の声は、道徳に対する教師や子どもの意識がもはや人間形成の教育と乖離していることを物語っている。

この問題に対して、竹内善一先生（元鳥取大学教授）は、いまの道徳授業が朱子学的な構造に偏っていることを指摘し、陽明学的な発想に立った授業づくりへの転換を主張される。菲才不敏の私には、先生の指摘について表面的な理解しかできないが、昌平坂学問所の儒官を務めた佐藤一斎をはじめ、吉田松陰、西郷隆盛、坂本龍馬など、幕末維新を動かした多くの人物が陽明学を学んでいたことを考えると、その意味はおのずと納得できる。

要するに、そうした偉人たちの事跡を引きながら、改めて「人物をつくる」教育の意義を問い直す有効な視点を提供できないかと考えたのである。

いま本書の全体を改めて通読してみるとき、偉人の話に教師や保護者が関心をもってくれるだろうか、という心配がもち上がってきた。そこで、本書に登場する人物の子ども時代の逸話を同僚にいくつか話してみたところ、予想を上回る反響があって驚かされた。若い人たちは、新井白石が冬の夜に水をかぶって勉強したり、二宮金次郎が寸暇を惜しんで本を読んだりした話を聞くのは初めてであり、かえってそれが新鮮で彼らの心をとらえたようである。

このたび文部科学省が小中学生に配布する『私たちの道徳』（改訂版「心のノート」）には、じつに多くの人物が取り上げられている。たとえば、小学校一・二年版には、二宮金次郎、武者小路実篤、シラー、ファーブルの名前が見られるし、三・四年版には葛飾北斎、牧野富太郎、石川啄木、小泉八雲、リンカーンなどが登場している。まして、五・六年版や中学校版には登場する人物が格段に増えることは言うまでもない。

こうした国の動きは大いに歓迎したいが、問題はそうした人物を現代の教師がどれだけ扱えるかということである。別の言い方をすると、いまの学校は偉人を教えられていない世代の教師がほとんどである、という現実をどうするかということになる。本書で繰り返し述べたが、そこに書かれている内容だけを教えても、子どもたちに大切なことは伝わらない。人物を教えようと思えば、まずは教師自身がその人物を知り、その生きざまに学ぼうとする心の構えをもつことから始めなければならない。

その意味においても、本書が、『私たちの道徳』の活用に少しでも役立つことを期待するし、人物を取り上げた授業づくりの検討材料となれば幸いである。

本書の上梓に際しては、たくさんの人のお世話になった。古事記編纂から千三百年という節目の年であったと思うが、そろそろまとめたものを書いてはどうかと背中を押してくださったのは、道徳資料「新ちゃんの流しびな」の作者、加藤一雄先生であった。出版社と交渉して執筆の機会を与えてくださったのは真仁田昭先生（筑波大学名誉教授）であり、先生のお力添えがなければ地方の無名教師が本を出すなどできるはずもなかった。押谷由夫先生（昭和女子大学教授）には、文部科学省の有識者会議「道徳教育の充実に関する懇談会」の議論が大詰めの折にもかかわらず、拙著の全体をていねいに読んでいただき、助言や励ましの言葉をいただいた。ここにとくに記してお礼の言葉を申し述べたい。

最後に、金子書房編集部次長の亀井千是氏には、本書の出版にあたり実務の面で終始お世話になった。亀井氏とは『児童心理』を通じて二十年来のお付き合いで、企画段階から何かと相談させていただいた。一冊の本が世に出るまでに、いかに多くの方々にささえられているか実感しつつ、そのひとりひとりに深謝の念を捧げたい。

二〇一四年五月

林　敦司

初出一覧（本書は次の初出原稿に加筆・修正したものを収めています）

第Ⅰ部

1　日本人が理想とした精神

「自己実現の道徳教育」鳥取大学大学院教育学研究科修士論文、一九九六年

2　近代教育と理想的人間像

「子どもが心待ちにする道徳授業をつくる」『道徳教育入門』教育開発研究所、二〇〇八年

第Ⅱ部

1　運命的な出会いをつくる伝記資料

「人物に学ぶ道徳授業の実践的考察」第一七回上廣道徳教育賞受賞論文集、上廣倫理財団、二〇〇九年

2　人物教材を扱った授業づくり

「発奮の道徳授業をつくる」『道徳教育』二〇一二年四月号、明治図書出版

3　偉人たちの魂の足跡を追体験する授業例

「ヘレン・ケラーが手本にした日本人」『小三教育技術』二〇〇六年二月号、小学館

「てんぎゃんと呼ばれた少年」『小三教育技術』二〇〇五年一二月号、小学館

「ようこそ ようこそ」『小三教育技術』二〇〇五年七・八月合併号、小学館

「90歳のこん虫はかせ」『小三教育技術』二〇〇五年五月号、小学館

第Ⅲ部
第一話　やりぬく力を育てる
「子どもが伸びるときの条件　打ち込むことのできる活動がある」『児童心理』二〇一〇年五月号、金子書房
第二話　希望と勇気ある心を育てる
「学校・家庭での実践　困難を乗り越えられる子を育てる学級」『児童心理』二〇〇九年四月号、金子書房
第三話　心の強さを育てる
「よい子が挫折するとき」『児童心理』一九九九年一二月号、金子書房
第四話　明るく誠実な心を育てる
「[実践]学校で自信を育てる　子どもの自信を育てる授業」『児童心理』二〇〇五年一〇月号、金子書房
第五話　自分らしさを育てる
「子どものよさを伸ばす教師『みんなちがって、みんないい』を実践する――個が生きる集団づくり」『児童心理』二〇一一年六月号、金子書房
第六話　思いやりの心を育てる
「子どもにやさしさを育てる学校」『児童心理』二〇〇八年一二月号、金子書房
第七話　リーダー性を育てる
「授業に活かすさまざまなリーダー像　伝記・物語から――これからの正義を考える基礎づくり」『児

童心理』二〇一二年一一月号、金子書房

第八話　責任感を育てる

「わがままな子から自己を律する子へ　言動に責任を持つことをどう教えるか」『児童心理』二〇一一年一二月号、金子書房

著者紹介

林　敦司（はやし・あつし）

1961年生まれ。鳥取大学大学院修士課程修了。鳥取県内の小学校に勤務。現在，八頭町立大江小学校教頭。

日本道徳教育学会評議員，鳥取県道徳教育研究会副会長，平成14・15年度文部科学省道徳教育推進指導資料作成協力者

論文掲載図書：『道徳教育入門』（教育開発研究所），『心の教育実践体系』（日本図書センター），『「心のノート」を生かした道徳教育の展開』（文部科学省），『小学校新学習指導要領の展開・道徳編』（明治図書），『児童心理』（金子書房），『道徳と教育』（日本道徳教育学会）など。

道徳教育と江戸の人物学

伝記資料の開発と授業づくりの方法

2014年６月29日　初版第１刷発行　［検印省略］

著　者　林　敦司

発行者　金子紀子

発行所　株式会社　金子書房

〒112-0012　東京都文京区大塚３－３－７

TEL 03-3941-0111㈹　FAX 03-3941-0163

振替　00180-9-103376

URL http://www.kanekoshobo.co.jp

印刷／藤原印刷株式会社　製本／株式会社宮製本所

ISBN 978-4-7608-2837-1　C3037